U0549913

天下文化

BELIEVE IN READING

# 和解練習

## 給曾受家庭創傷的你

羅志仲——著

# 目錄

## 練習五　歡送情緒，迎來輕鬆自由

推薦序

# 練習和解，是為了內心的寧靜及自由

馮以量

不是所有父子關係都能和解、不是所有缺席的父愛都能彌補。

請允許我把這兩句話寫在前頭，否則怕你誤會羅志仲老師是希望你不管如何都要和父親和解。不是這樣的。

要是能和父親和解，固然最好，如果不能和解，不妨參考志仲這本新書。它述說著志仲和父親的生命故事，雖淺顯易懂，但要活得如志仲這般踏實、清明，還真需要下不少工夫。

和解需要一些外在條件，志仲提到：「有些人小時候遭父母虐待、忽略或遺棄，要他們長大後與父母和解，不僅不公，而且殘忍。」他是一位很溫柔的男性，在示範自己如何與父親和解的當下，不時提醒每段父子或父女關係都不同，無須和別人比較，但需要誠實面對自己、面對關係。

和解需要高度的觀察力，志仲一直以來都很努力、也很用心探索生命，對自己身心反應的觀察力特別細微，並且把這份能力灌注在文字裡。這幾年，我常深受他臉書文章感動，這次也不例外，書裡有很多他的觀察及省思，十分值得參考，尤其是男性讀者。

和解更需要不停練習，需要不言棄的續航力。志仲如今對往事能夠行雲流水的侃侃而談，我認為要歸功於他多年透過薩提爾模式的冰山探索及知名心靈導師艾克哈特．托勒（Eckhart Tolle）著作帶出的重要修練：接納、臨在（接納當下一切的實況）。

這份探索生命的續航力及練習，我自嘆不如，還有大學學長李崇建不時從旁提供對談，更是如虎添翼，讓我羨慕不已。我想表達的是，志仲今天能寫出這本書並非一蹴而成，全是一步一腳印，流過好多眼淚、內心湧起不少掙扎才完成的，非常不容易。

書中有不少感人情節，在此不多著墨，讓你慢慢品味，但我必須說，讀這本書時，我掉了兩次淚，分別是志仲剃光頭和他訴說自己的不甘心。

書裡寫到志仲和父親合照，而且還事先剃光頭的畫面，讓我很動容。我這輩子和父親僅有一張合照，那時才五、六歲，此後再也沒有第二張。讀到那段文字，難免勾起心中多年的缺憾，多有感觸。但是我拍拍自己的肩膀：「沒事，以量。祝福志仲，替他高興。不要羨慕志仲做得到，你做不到，每個人的生命經歷都是獨特的，既然遺憾已經無法彌補，那麼就接受它，接受這就是我和父親之間的印記。」我也在志仲的文字裡，和他一起學習如何接納臨在。

當我讀到志仲和崇建學長的對話，志仲說：「我不甘心只有我需要改變，父親竟然不必改變。」我邊讀邊點頭認同。我也曾經如此執著，不願放下對父親的怨恨，最後志仲哭泣，我也隨之掉淚。這段話完全說中當時叛逆而且執著的我。

為何我們這些四、五十歲的「青少年」依然堅持努力練習外在及內在的和解？是為了什麼？我想，我和志仲一樣，無非就是想聲明自己是一個寧靜而且自由的靈魂，並深信我們每個人都值得擁有寧靜及自由。

謝謝志仲書寫他的生命故事。

這本書推薦大家閱讀。

（作者為澳洲南澳大學社會科學（輔導）碩士、馬來西亞家庭關懷及家族治療推手、暢銷作家）

自序

# 和解與否，都會得到養分

這本書，是獻給我父親的，也獻給正在或曾在家庭關係中受苦的你。

我曾與父親十八年不說話。寫這篇序時，他已經離開兩年多了，母親更是在十年前意外走了。我能與父親和解，能走過父母兩人過世帶來的悲痛，與我長年學習薩提爾模式與接觸托勒的著作有關，感謝崇建學長帶我入門，進而一窺堂奧。

比學習更重要的是練習、練習、再練習。這本書寫的，就是我如何將所學運用在我與父親的相處中，你會在字裡行間看到：所有的練習無論是否成功，都不會白費。

書中寫的雖是我與父親和解的故事，但更重要的是與自己和解。如果你的目標是「和解」，可以先閱讀書中最後一篇〈和解是一種選擇〉，會發現和解可能跟你想的不一樣。

除了和解，內文也花了許多篇幅在近年頗受關注的「長照」議題上——父親人生的最後八年，有兩年住在家裡，六年住在養護中心。那段照顧、相處的歷程對我而言，刻骨銘心。

如果你已經從艱難的家庭關係裡走出來，那太好了，恭喜你，這是一段不容易的歷程，你可能會在這本書中得到共鳴，看見自己過往的影子，從而對自己的努力感到尊敬與讚許。

如果你還在過程中，這本書或許可以帶給你一些安慰或方向。家家有本難念的經，書中也許會有那麼一、兩句話，能支持到你的內在。

我在父親生前，已斷斷續續寫了一些小文章，記錄我們相處的片段，但從沒想過能出書。感謝天下文化前資深編輯總監楊郁慧小姐向我邀書，讓我有機會重新整理、思索這段歷程，可嘆她已離世，無緣見到此書問世，但知遇之恩，我永遠銘記在心。

感謝吳佩穎總編輯的支持，也感謝責任編輯許景理，她的專業與經驗使得此書更具可讀性。

我與父親此生緣分已了，但他帶給我的資源還繼續在滋養我。寫完這本書，我將帶著那些養分繼續往前走。

練習一

# 卸下重擔，釋放生命力

# 遺憾可以彌補

爸，我們回家了。

這是你思思念念，一直想回來的家，我們回來了。很抱歉，過去六年來，你想回來，我一直沒有答應，其實我心裡很過意不去。

你想回來，是因為這裡是你的家，住在家裡最舒服、自在。你想回來，是因為這裡是你和媽媽用辛苦賺來的錢買下的房子，承載著你們太多美好回憶。

這些我都知道，我也希望你身體比較健康之後，能接你回來住，可惜那一天始終沒有到來。我不想讓你有遺憾，也不想讓自己有遺憾，我想讓你回來，再看這裡最後一眼。

爸，我們回家了，你可以放心離開了。

回家，是父親這幾年朝思暮想的心願，可惜生前無法如願，我說什麼也不能讓他帶著這個遺憾離開。

凌晨一點多，在醫院地下室與禮儀公司討論完父親的後事，我提出一個額外要求，希望他們此刻能派一輛車讓我陪父親回家看看。

凌晨的台中街頭很安靜，寬敞的黑頭車上也沒有聲音，只有父親、我、吳周平和司機。我和周平偶爾會出聲，聊聊父親的生前往事。大部分時間，車裡車外都是靜默、漆黑一片。

車子開到豐原之後，夜更深，街頭更安靜了，我指引著司機接下來的方向，同時，也在經過某些地點時，說給父親知道。來到一個路口轉彎處，我刻意拉高嗓門：「爸，我們快到家了，外面這裡是土地銀行。」

父親的錢一向存在土銀，但他很不放心，生怕錢不夠用。客觀事實是他的存款加上月退俸，足夠在養護中心住到一百歲。為此，我不只一次拿出存摺給父親看，也算給他聽，但他還是很擔心，每次去看他時，總會問：「我是不是快沒錢了？」

父親生前一直記掛著房子與存款，因此在途經土銀時，我刻意那樣說，想讓他安心。

車子左彎右拐之後，緩緩駛進巷弄，最終在家門前停下，熄火。街坊鄰居都睡了，我不想吵醒他們，所以沒有搖下車窗，也沒有下車，只是在車上向父親報告：「爸，我們回家了。這是你思思念念，一直想回來的家，我們回來了……」

我噙著眼淚說完那段話，轉頭一看，周平也在拭淚。

這一晚，真難，幸好有周平一路陪伴。

父親走得很突然，我原以為他會撐過這一關。

那天早上六點三分，我在睡夢中被電話吵醒，醫院護理師打來，說父親情況不好，他們是小醫院，處理不來，要我立刻去辦轉院。直到那當下，我並不認為父親會走。

辦好了轉院手續，陪父親搭救護車一路闖紅燈奔馳至大醫院。直到那時，我仍不覺得父親會走。

我對父親堅韌的生命力太有信心了，那些年，我不知簽過多少次放棄急救同意書，關關難過關關過，父親每次都挺過來了，沒有理由這次挺不過。

到了大醫院，父親接受緊急救治，我在大廳守候，等到醫生從急救室走出，表情嚴肅、凝重的問我許多問題，並要我做好最壞的打算。此時，我才意識到：這次，父親可能會走，但應不至於是當天吧，他大概會在安寧病房待上一些時日。

我從白天等到傍晚，一邊等消息，一邊反覆練習靈性導師阿迪亞香提（Adyashanti）《直捷之道》（*The Direct Way*）第九課〈虔誠地安住於心的寂靜臨在〉，心裡還在估量著：「如果父親今晚轉到安寧病房，我需要未雨綢繆，找個看護照顧他。」我隔天仍有工作，無法在醫院陪他。

然而，看護太難找，我撥了上百通電話，朋友也都仗義，努力幫忙，好不容易找到一位，卻隔天才能從北部趕來，我焦慮、著急得腸胃緊縮、絞痛，平日的靈性練習，此時備受考驗。

不久，小姑姑和大叔叔來到醫院探視，他們是與父親最親近的手足，聽說我正在焦急的找看護，小姑姑立刻撥電話請鄰居小邱幫忙。小邱是有證照的專業看護，正好有空，可以趕來照顧，我打結的腸胃瞬間鬆開。

直到小邱趕到醫院，我仍不覺得父親當晚會走，心裡評估著下一步：等父親從急救室轉到安寧病房，恐怕夜已深，我連計程車都叫不到了。因此，我撥電話給周平，請他晚一點開車來載我回家。

我沒想到父親當晚會走，更沒想到周平是當晚最合適的陪伴人選。

過了十點，大廳裡仍在等候的家屬已稀稀落落，醫生從急救室裡快步走出，表情嚴肅、凝重的朝我走來，說：「進去看他最後一面吧！」

此刻，我才真正意識到，父親挺不過這天晚上了。我撥電話給妹妹，請她來見最後一面。而後，我在小邱與周平的陪同下進急救室陪伴父親，直到他嚥下人生最後一口氣。

二〇二二年三月二十九日晚上十點三十四分，父親走完他七十八年的人生旅程。

在最後那幾十分鐘裡，小邱與周平的陪伴很重要。儘管我曾經歷喪母之痛，但母親是先出了車禍，在醫院搶救回來，二十一天後才拔管。面對她的離開，我早有心理準備，可以在最後三天裡，每天到加護病房跟她說說話，唸著托勒《修練當下的力量》（*Practicing the Power of Now*）給她聽。

反觀父親，走得有些突然，我完全沒料到他當晚就會離開，在急救室裡面對即將遠行的他，我一時不知該說什麼。是小邱引導我說出心中的話，讓我能連結自己的內在，也連結父親。

「爸，我是阿仲，感謝你這輩子來當我的爸爸，你對我的愛，對我的關心，我都有感受到。我們曾十八年不說話，感謝你在媽媽離開後，讓我有機會與你和好，我很珍惜這段相處的時光。這幾年你身體不好，承受許多痛苦，現在，你無病無痛，可以放心離開，不必擔心我，我會好好生活下去。」

等父親嚥下最後一口氣，我望著眼前這具仍有餘溫，卻不再運作的身體，一時不知該做什麼。是周平問我，可否允許他用熟悉的宗教儀式，為我父親獻上祝福？我才從一陣茫然中稍稍清醒。我與周平認識數年，知道他受過臨終關懷訓練，又有宗教信仰，是每天都在生活中落實所學的虔誠修行者，我可以信任他。

只見周平先用金剛明砂，輕輕摩娑父親的頭頂，再將甘露丸放進父親口中，最後再用手慢慢闔上父親未曾閉上之口。這一幕很令我吃驚：原來面對死者大體，可以如此安然無懼！再次望著父親安詳的面孔，我一時還體驗不到悲傷，只是替他感到開心：他終於解脫了，不必繼續飽受病痛折磨。

接下來幾個小時，我與禮儀公司討論父親後事，也搭乘他們提供的車輛陪父親回家一趟，再原車從豐原返回台中。這個過程，周平一直陪伴著我與父親，他開車載我回家時，已是凌晨兩點多，這樣的支持無比珍貴，父親也會走得更安心吧！

忙了超過二十小時，終於回到溫暖的被窩裡，臨睡前，將養護中心的專屬電話鈴聲改為一般鈴聲，我突然驚訝的發現，有一種如釋重負的放鬆感，有一股生命力被釋放出來。

過去六年，父親都住在養護中心，我特地替養護中心的來電設定專屬鈴聲，父親生病住院期間，我也會將醫院來電設定為相同鈴聲，那是我不能漏接的電話。

我曾在各種時候接過這個鈴聲的電話：白天接到了，可能是大事，也可能只是芝麻綠豆般的尋常小事，像是下次為父親帶幾件衣物之類。夜裡接到了，則無一例外，都是天崩地裂、生離死別的大事。

我曾無數次在睡夢中被鈴聲驚醒，夢醒時分，就得立刻做抉擇：要送哪家醫院？甚至，是否要放棄急救？抉擇過後，立刻直奔醫院。

如釋重負之感讓我意識到：原來，在照顧父親這件事上，我一直是倍感壓力的，那股壓力長年扛著，久而不覺其重。一旦卸下，被壓在其下的生命力亦隨之湧出，頓時感到無比輕鬆。再加上父親生前最後八年，我曾認真做足父子關係的功課，逐一消融冷戰十八年的恩怨情仇，因此，他的離開，我感到放鬆、圓滿，沒有遺憾。

從今往後，一切都結束了，如夢似幻般的結束了，我不必再聽到那個鈴聲，更可在睡前關機，睡一個沒有任何牽掛的好覺。

父親回家看過，可以放心離開。

而我，也終於可以回家，好好睡個覺。

我們，都回家了。

# 連結彼此的渴望

父親走得突然，但是細思生前幾件事，或許已有「徵兆」，並不突然。

父親走前一天，細雨紛飛，我頂著大光頭，請好友洪善榛開車載我上山探望母親。

當時，母親已離開七年半，骨灰罈安放在山中塔位，每年清明與中元，我皆會上山憑弔，格外想念時，也會多跑幾趟。

山不高，路奇陡，而我的車太老，沒把握上得去，每逢清明與中元，尚有接駁車可搭，其他時候，只能請朋友開車載我。

上山是為了與母親連結，因此我從

來不帶供品。有時，只帶著托勒的書，讀幾段給她聽，也讀給自己聽。有時，只是閒話家常，說說父親與我近來如何。有時，是表達對她的思念，也感恩她引領我深刻認識死亡。有時，實在不知要說什麼，便靜靜待在塔位前，有意識的去經驗悲傷等情緒，任由淚水緩緩落下，再由悲傷覺知到尊敬。

每次上山，我都能感受到內在又有變化。小說家約翰．符傲思說：「死亡就像某種演說家，除非你坐在前排，否則沒有真的聽到它在說什麼。」我很慶幸自己願意坐在最前排，直視死亡，一次次去體驗母親的離開告訴我的訊息。

那日，我照例在母親塔位前向她報告，敘說我近來如何？父親又如何？臨走前，有句話已到了喉嚨，卻硬生生吞回去，沒說出口，只因想起三天前一件不尋常的事。

三天前，在職業攝影師，也是好友 Roger 的陪同下，到養護中心與父親拍些照片。父親的身體狀況不佳，只能坐在輪椅上，插著鼻胃管，移動到戶外十來分鐘。

合照、談話的時間有限，臨走前，我拍拍他的肩膀，說：「你要趕快好起來。」父親低聲說了一句話，我沒有聽清楚，蹲下來請他再說一次。他用很輕、很淡的聲音，說了一句很重、很濃的話：「很難哪……」

這是我第一次聽父親這樣說。

事後回想，這或許就是父親離開的「徵兆」？他向來是個生命力堅韌之人，多次從鬼門關前轉身歸來，因為他想活下去，想搬回家住。然而，隨著身體每況愈下，又飽受病痛折磨，一再進出醫院，他開始覺得自己很難再好起來。就算好起來了，真能回到可以自理生活的狀態嗎？如果不能，便意味著回家無望，他得一直住在養護中心，這豈是他想要的餘生？這樣的生活品質，值得嗎？

那日，佇立在母親塔位前，原本想請她保佑父親「早日康復」，但一想到父親三天前的那句「很難哪」，想到他的痛苦與絕望，想到他回家遙遙無期，我突然不知「早日康復」對他究竟是好是壞，到口的話一時說不出來，只能嘆口氣，默默離開。

告別母親後，我搭著善榛的車下山，車窗外的雨絲仍舊不停飄落，我看著看著，光頭也感到一陣寒意。剛與善榛閒聊幾句，便接到養護中心打來的電話，說父親老毛病又犯了，得送醫院。我一聽，頂上的寒意更深了。

事出突然，當下並無時間細想：「怎會這麼巧呢？」在那句「很難哪」之後，在我欲言又止之後，父親又病了。莫非，這不是巧合，而是……

無暇細想，當下必須立刻做決定：送父親到公立醫院或私立醫院？如果是前者，我必須在半小時到一小時內趕到醫院，隨侍在側。如果是後者，私立醫院有看護可以照顧病人，家屬不必立刻趕到，只需要在有空時去探視、辦理手續即可。

我評估自己的身體與內在狀態，當天有些累了，綿綿細雨更添疲憊，我最終選擇了後者，安排父親入住私立醫院。

隔天夜裡，父親就走了。他的那句「很難哪」，與我在母親塔位前的欲言又止，或許都是「徵兆」吧！

而或許，「徵兆」不僅於此。

半年前，Roger 提議為我與父親拍些照片留念。我沒拍照的習慣，但喜歡這個提議，畢竟我們已做了近半世紀的父子，緣分難得，留下幾張合照也是好的。

父母與我都不喜拍照，合照甚少，幾乎都是我很小的時候拍的。在最早一張父子合照裡，父親才三十出頭，我只有兩、三歲，拍照者應是母親，地點在老家後方的空地上，周遭遍布稻田，穿越稻田與馬路，有一條溪、一座福德祠。

空地與稻田日後都蓋了房子，無法穿行，只留下幾張照片與依稀的記憶。不知何故，當天照片中的我竟笑得如此開心。或許，那個年紀不需理由，只是存在本身，便值得歡慶吧！而父親，也與我一起開懷笑著。或許，在顛沛流離多年後，能有一個穩定的家庭，一雙可愛的子女，對他而言就是最大的滿足吧！

此後數十年，父子再無合照。直到二〇一七年五月，父親已住進養護中心一年多，有次我去看他，一時興起，拉他在平板電腦前拍照，拍完後，兩人一起端詳照片，我不禁感觸萬端：一對曾疏離如路人的父子，竟能有和解之日，太不真實了。

聽了Roger拍照的提議後，我突發奇想：父親這幾年在養護中心都理光頭，不如我也理個光頭吧，父子倆都光著頭合照，多有意思！

除了當兵期間，我沒理過光頭，也沒想過要理光頭，但從有此構想到下定決心，只在幾秒之間，絲毫沒有心理障礙，畢竟這比父子和解容易太多。

反倒Roger聽我這麼一說，很吃驚，還問我真的要這樣做嗎？

他是攝影師，思考角度常與我不同。光頭對我而言，是小事一件，稀鬆平常，走一趟家庭理髮店即可。但Roger不這樣想，他沉吟半晌後，提議也用相機記錄我的剃髮過程。

決定剃髮，很簡單；真的剃了髮，卻遠在半年後，因為有太多不可知的因素出現。

當時，COVID-19疫情猶在世界各地延燒，為了因應嚴峻局勢，政府嚴格管制出入長照機構。自Roger提出合照構想，半年之間，有時我們根本無法進入養護中心，有時要打過疫苗才能探視，好不容易打滿兩劑，政府政策卻忽然調整為打滿三劑才能進入，我們得一直追著政策與疫苗跑。

疫情難料，父親的身體也難料。有好幾次，我與Roger已約好去養護中心，偏偏遇上父親生病住院，合照一事只能一再延期。我當時的日記裡有幾則記載，可略見世事之難料。

**二〇二一年**

- 十二月三日，與Roger約拍照時間。
- 十二月五日，十四點四十七分養護中心來電，謂父親血尿、發燒，已送醫院，目前在六〇六房第三床。

同日，答 Roger：暫緩拍照。

## 二〇二二年

- 一月二十四日，與小姑姑趕往探父，明日起禁入長照機構。
- 二月八日，打第三劑疫苗。
- 二月二十五日，養護中心來電，謂三月一日起可入內探視。
- 三月二日，養護中心來電，謂父親血尿，先吃藥，暫不送醫院。
- 三月十日，探父，父親直呼要去吃飯，神智不佳。
- 三月十一日（父親走前十八天），父親因血壓過低，到醫院輸血，並留院觀察。
- 三月十五日（父親走前十四天），父親身上疑有腫瘤，需轉院進一步檢查。
- 三月十六日（父親走前十三天），父親先不轉院，待回養護中心，再另行安排檢查。

- 三月二十一日（父親走前八天），預約二十五日探視父親並合照（按：疫情期間，長照機構常採預約制）。
- 三月二十二日（父親走前七天），父親出院，回養護中心。
- 三月二十三日（拍照前兩天，父親走前六天），養護中心來電，謂父親身體虛弱，進食會嗆到，須以鼻胃管灌牛奶，隨時都可能再送醫院。
- 三月二十五日（父親走前四天），理光頭，Roger 在一旁拍照。到養護中心，與父親合照。
- 三月二十八日（父親走前一天），父親又住院。

以上這些記載，對當年的我而言，是再普通不過的日常，各種意想不到的突發狀況，隨時可能發生。從想與父親合照，到如願以償，這個過程一波三折，我料想不到，父親亦然。

三月二十一日的預約探視，其實是個賭注，父親當時尚未出院，也無人確定何時能出院，但如果不賭一下，合照一事將如疫情結束般，遙遙無期。

最終，被我賭對了。

感謝 Roger 為我與父親拍照，那是美好的祝福。此後，我們父子再無可能合照了，感恩 Roger 讓我與父親最後有此連結。

父親走後隔天，我撥電話給崇建，談到我著魔似的撥了上百通電話，好不容易找到看護，父親卻走了，我說：「難怪這次看護這麼難找，原來他不需要看護了。」

崇建卻說：「不是，那是爸爸對你的體貼。」

一開始，我沒聽懂崇建的意思。結束通話後，將父親生前那些事串連起來，我才逐漸會過意來⋯⋯

或許，那是父親體貼兒子，不想再讓我繼續為他辛苦奔波了。

或許，那也是父親體貼兒子，想留一口氣，完成我與他合照的心願吧！

或許，與兒子合照留念，也是他的心願。

說也奇怪，一想到父親的這些體貼，我的眼淚竟汨汨而下，不能自已。體貼云云，不就只是一種觀點嗎？誰能證明一定如此呢？但我的眼淚是怎麼回事？

細細體驗著淚水，我慢慢懂了：這不只是種觀點，更連結了我與父親的渴望，那是我們對彼此的愛。

這樣的眼淚，真好呀，我能為這樣的眼淚做點什麼呢？從今往後，我可以帶著父親對我的體貼，體貼自己，也體貼他人。

練習二

# 改變內在，用豐富的眼光看事物

# 愛要用對方式

〈想和父親做的事〉，作文班的小六教材裡，固定會有這一課。每當父親節快到了，我都會搭配這一課，與孩子聊聊他們和父親的關係。每年在不同的班級調查，結果都發現，孩子大多跟父親不怎麼親近，讓我有些驚訝與困惑。

我在他們這個年紀時，和父親的感情很不錯，甚至會一起打桌球，儘管我不喜歡和他對打，他永遠在吊高球、打慢球，這對當時求快好戰的我而言，實在太乏味了。

但我們至少還一起打球。

我與父親的感情惡化，乃至於長達十八年不說話，是後來的事，直到我第一年在作文班教〈想和父親做的事〉，我們父子還在冷戰。

初次教此課的十多天，母親出了車禍，不久便離世。那是生命給我迄今最凶猛的恩典，我被迫好好面對支離破碎的父子關係。

第二年教此課，我正艱難的與父親和解中。非常艱難，但我很努力，也看到成效，如果滿分是十分，短短一年，我們的關係已從零進展到六。

第三年教此課，我與父親早就和解，但他也因為健康狀況不佳，生活難以自理，住進養護中心。

第四年，我們的關係更和諧了，他也努力復健雙腿，我們時常在養護中心內外從容散步、對話。

到了第五年，父親因摔壞了腿，又坐回輪椅上，且身體大不如前，頻繁進出醫院，我能與他一起做的事更少了，但在互動上多了一樣過去少有的東西——幽默感，這對向來嚴肅的我們而言，是極其珍貴的禮物。

這五年間，每當小六的孩子交來作文，總會喊著：「這一課好難寫喔！」

是呀，跟父母之間的功課是最難的，但也最值得。

我曾與父親冷戰十八年，具體時間、確切原因已不可考，唯一可確定的是，這並非一朝一夕所致，而是一個緩慢、漸進的過程，得從高中說起。

我生在豐原，長於豐原。一九八九年，考上豐原高中，別人都念三年，我因高二留級，硬生生把高中當成大學來念。

高中時寫了不少日記，長大後很少重看，因為日記裡有太多負能量，難以下嚥。為了客觀、翔實找出當年與父母相處的片段，近年我常重新翻讀日記，還是有些吃不消。

那是個充滿苦悶、壓抑、憤怒、恨意、受傷和挫折的青少年，不斷在尋找出口，卻又無處可去。在學校，不被老師理解（尤其是留級前）；在家中，又時常與父母衝突。

一九九〇年十二月二十七日，我在高一上學期的日記裡，詳細寫下一段與父親爭吵的過程，可視為我們當時關係的縮影。

晚上跟父親吵了一架，起因是這週非我糾察隊值勤時間而我天天去，父親斥我不去學校早自習，是何居心？又說我再如此下去，將考不上大學。我自然不甘示弱，跟他辯駁一番。他又說我資質平庸卻不努力，晚上心情不好就在外面亂逛，成何體統？我一向自許甚高，不以為自己平庸，何況那次閒逛我既有打電話回家，又非出入不良場所，他豈有權力干涉？本想跟他翻臉，念在他對我有恩，不想和他計較。

重看這段日記，只覺得好笑。

一者，父親肯定不會說出「是何居心」、「成何體統」如此文謅謅的話，那應是我當年為了行文流暢，而將父親的白話「翻譯」成文白夾雜。

二者，「晚上心情不好就在外面亂逛」，這真寫實，我當年的確很情緒化，太多愁善感，又不知如何回應情緒，因此日記裡動輒出現「沒心情讀書」這類句子，難怪課業成績始終不佳。

只是，現在覺得好笑的，當年肯定笑不出來，因為那個青少年一直渴望被了解，尤其是被重要的大人了解，無奈大人對課業的重視始終勝於人。

另有兩段日記，可看出我當年的這種渴望，一段寫於高一下學期：「父親以為在月考考差後增加壓力是一種鼓勵，然後又認為我以為獨立是完全不用約束，聽了令人洩氣，對於自己兒子竟如此不了解。」

一段寫於留級前的高二下學期：「父親早上又找我訓話了，自是功課的事。他根本不了解我，我恨死了。」

重讀這些字句，結合多年來從事親子教養工作的體會，頗有感慨：青少年要的其實不多，大人只要願意多一些了解，孩子自會願意靠近大人，也會願意好好學習。

試看另一天的日記：「我從來不知道，我和父母之間的隔閡竟然這麼大，今晚和父親的懇談後，心情大為開朗，如此想必對以後之學業、事業將有更大的幫助吧！」

雀躍之情，滿溢紙上，真不知當日父子倆到底「懇談」了什麼，竟會跟

「事業」有關？只是，這樣的「懇談」次數太少，我與父親的衝突愈演愈烈，日後更為留級一事撕破臉。

留級的近因，是升上高二後，課業始終跟不上同學。一開始，我的成績在班上中間偏後，不至於太差，但其他同學陸續追上來，我的名次開始往後掉。到了高二下學期，已是班上倒數幾名，愈來愈挫折，也開始懷疑自己的價值。

事隔三十多年，當年的同班同學陳俊成忽然到我的臉書粉專相認，給我看了一張某次段考的成績單：國文六十五、數學五十五、英文四十三、歷史八十、地理七十四，全班五十四人，我四十五名，果然是倒數。

當年令我耿耿於懷、惴惴不安的分數與名次，如今已輕如鴻毛，不值一提，但在當年，卻是重於泰山，壓得我喘不過氣來。在那個過程中，我始終沒有放棄，也仍努力念書，可惜一直看不到成果，甚至愈努力，名次愈後面。當時我和絕大部分的人一樣，只看結果，不懂得看過程，欣賞自己的努力，結果不好，便意味著自己不好，價值感愈來愈低落，愈沒有動力念書。

此時，沒有大人能真正幫助我，他們能給的回應最多是：「加油」、「下次再努力就好了」、「要相信自己」、「要不要去補習？」……這些對我的幫助極其有限，並不是我想要的。

當年在那個班級，我與同學相處倒頗融洽，一起打球，一起騎車回家，有許多美好回憶。除此之外，我並不快樂，課業表現不佳，與導師的關係亦不佳，加深了我在這個班級的鬱悶感。

升高二時，需要選組、重新分班，我選了社會組。暑期輔導第一天，在公布欄查看被安排到哪個新班級，很意外竟然進了所謂的「實驗班」，也就是資優班。我的高一同學也很意外，以我高一的成績，是沒資格進去的。

接著，是更多意外。當天中午放學，其他班的學生都回家了，我們班卻要繼續留校上課，我既困惑又不滿，看著高一時的老同學朝我微笑、揮手，而後離開學校，我決定背起書包，跟著他們離開。

到家的時候，見到母親已在門口等我，新的班導師打電話給她，說我「蹺課」了。這應該是我這輩子第一次蹺課，但當時不認為自己是蹺課，而是在「討回正常下課的權利」。

印象中，母親沒有罵我，唸個幾句應該是有，這也是我幸運之處：家中能有個大人如此接納我，讓我在那個易感的年紀，就算內在充滿憤怒、受傷或失落，也還是願意回家，沒有在外鬼混或變壞。至於父親是如何看待此事的，已不復記憶。

第二天到學校，免不了挨班導師一頓罵，我們的梁子就此結下。此後時有衝突，現在回想，大多是小事，但對當時那個易感脆弱、渴望被理解的青少年而言，每件都是大事，日積月累，便成了滿腔的憤怒。

有次，班導師找我到教室外講話，天氣冷，我將雙手插入卡其褲的口袋裡保暖，他突然憤怒的指責我：「這樣跟老師說話很不禮貌，快把雙手伸出來！」我聽了既錯愕又生氣，但也只能忍氣吞聲。如今回想，當時應有許多委屈與受傷。

又有一次，我在週記裡批評學校圖書館只訂閱內容貧乏、難看的黨報，結果又被班導師叫去，他告訴我：「黨報在一般家庭看不到，在學校能看到，正好可提供我們不同觀點。」我聽了，啼笑皆非，但嘴上沒說什麼，因為知道與他爭辯並沒有好處。

課業上看不到希望，與班導師的關係又緊張，每天背負沉重的挫折感與壓力到學校，免不了開始思考：「難道要繼續在這個班級待到高三畢業嗎？」我不只一次評估著，以當時的課業成績，就算能順利升上高三，也考不上大學，而我想念大學，就得去重考班補習，重考的費用不便宜，我不想給家裡帶來沉重的經濟負擔。

如果留級重讀，就不一樣，既可換個班導師，亦可省下重考的補習費。更重要的是，在新的班級，我能改頭換面，重新來過，扭轉長年積累的習得無助感，進而好好念書，考上大學。

對我來說，留級重讀充滿正面意義，代表我不想放棄，我想用另一種方式，幫助自己成功。

但要做出這個決定，我必須冒極大風險：一者，我並沒有成功的把握，也許會在留級後故態復萌，走上留級前的老路，成績不見起色，最後還是沒能考上大學。二者，未事先告知父母，很可能鬧出家庭革命。

比較理想的方式，是先找一、兩個可以信任的大人討論此事，再做決定。但我沒有這樣做，因為心知肚明，所有大人都不會理解我在想什麼，只會一味反對我的想法，再用他們的想法來說服我。他們對留級已有既定觀點：「只有壞學生才會留級，那會給人生留下汙點。」事先告訴他們，只會引來他們想方設法阻止。

此外，還有一個關鍵原因，使我決意不主動告知父母。

以我高一不起眼的成績，居然能在高二分組、編班時進入實驗班，這著實令人意外與困惑。事後才知道，原來是父母動用關係，將我安插進去。

如今回想，他們的本意良善，我念的高中在當時並非前幾志願的學校，考上大學的機率只有三分之一左右，進入實驗班就讀，機率會高一些，我的父母用他們所知的方式，在表達對我的愛。

只是，愛需要體驗，我當時並未體驗到愛，相反的，知道真相後，我非常憤怒。

首先，他們完全沒跟我商量，甚至沒有告知我，我是後來無意中知道此事的，我體驗到的不是愛，而是不受尊重。

再者，他們透過關係讓我進入實驗班，這跟他們自小教導我的「正直」、「公平」等價值觀背道而馳，我對他們很失望。

再加上進入實驗班後，必須跟課業表現遠在我之上的同學競爭，我愈追不上他們，就會愈覺得是父母害我的——我進了不該進的班，而那竟是父母出於好意的安排。

因此，在留級這件事上，我決定以其人之道還治其人之身，他們既沒先告知我，我也不打算告知他們。

決定留級一事，我只先透露給身邊幾位同學，其中一位座位在我左邊，上課鐘響後，他悠悠說了一句話：「你真有勇氣。」

儘管三十多年沒聯絡，我仍清楚記得他的名字：賴鋏紋。鋏紋大概不記得自己說過那句話了，更不知道那句話在當時帶給我多大的支持力量，尤其在我做出決定後，就必須對抗全部的大人。

決定留級後，我選擇在期末考的考卷上留白或亂寫，造成三科死當，無法補考，必須留級的事實。

期末考成績一出來，果然證實我的預測，父母與老師在震驚之餘，忙著做兩件事：一是指責我，二是尋找補救方法，避免我留級。這讓我對他們更失望了，之前他們運用關係，將我編入實驗班，如今留級已是板上釘釘，竟然仍想著如何鑽法規漏洞！唉，我決心與他們對抗到底。

那是我這輩子第一次做自己，坦白說，滿孤單的，因為得對抗那麼多大人。我並不想對抗他們，只希望他們了解我。

當時唯一願意了解我的大人，是一位女老師，我清楚記得一個畫面，那時我們一起在學校操場散步，她耐心聽我說為什麼想留級。

雖然聽我講完後，她跟其他大人一樣，也開始對我說教，想找方法避免我留級，但她至少願意聽我說，她也是唯一這樣做的大人，那對我是一份珍貴的禮物，我至今仍感念她。

或許是這段經驗，如今在與青少年對話時，我可以比較同理他們，我不一定能幫助孩子走出困境，但至少能成為他們無須去對抗的大人。如果能被了解，哪個孩子想對抗大人呢？

細數這些往事，並不是為了指責那些大人，只是想呈現一個青少年想被了解的內在狀態。事實上，那位班導師仍然是一位好老師，教學認真，我的許多老同學都將他視為生命中的貴人，只是他不適合我，無法接住當時的我罷了。

同樣的，我的父母也很愛我，他們以自己會的方式愛我，但由於方式不恰當，我感受到的並不是愛，而是憤怒、受傷、失望和挫折，覺得自己不受尊重、沒有價值。

年過四十之後，我做了許多功課，對當年的事早已釋懷，也能以豐富的眼光看待。但在三十多年前，我與父母都沒有這種能力，之後的衝突便勢不可免了。

對於父母、師長提供的各種避免留級的補救措施，我一概拒絕，「如願以償」留級了。父母對此的反應非常激烈，我對他們的反應也反應激烈，曾在留級後的暑假憤而離家出走，蝸居在打工的宿舍，他們的態度因此稍有軟化，我與母親很快和好，與父親的關係卻再也回不去了。

我能與母親很快和好，是因為她是願意退讓的人。他們夫妻的感情很穩定，雖然也會有爭執、吵架，但次數不多，也不激烈，過程中沒有尖酸刻薄的言語，沒有大聲咆哮，沒有人會動粗，也不會摔東西或甩門，更沒有離家出走或以死相逼這種戲碼。他們頂多冷戰，誰也不理誰，幾個小時，最多幾天，就會在我母親的退讓下言歸和好。

中年之前，我的個性像極了父親，同樣是吃軟不吃硬，因此，我能很快與退讓的母親和好，與父親的關係卻一去不復回了。考上東海大學後，需要住校，不必與父親朝夕相處，這也逐漸成了此後十八年父子相處的模式：冷戰、打岔、零互動，這遠比相互指責、說教輕鬆太多了。

如果人生可以重來，我還是會採取當年的方式，儘管會導致父子失和、決裂，但在那樣的時空背景下，如果不那樣做，我永遠都無法做自己。在那之後，我做任何決定，父母都不再反對，或者說，反對不了。

當然，我得為自己的選擇負責。每一種選擇都有代價，如果當年選擇順服父母，我可能會很難做我自己，來到人生某個階段後，還是得回頭面對「成為自己」的生命功課。孰好孰壞，並無標準答案，只是個人選擇。願意為自己的選擇負責，便是自由的人。

那段與父親失和、決裂的往事，對於我日後從事親子教養或教育青少年的工作，有莫大幫助。有位高中女孩曾來找我談話，說想要休學去當職業電競選手，但是父母不同意，怎麼辦？

我沒有給女孩答案，只是與她對話，並分享我的經驗，告訴她，我鬧了一場家庭革命，成功做我自己，但代價是父子失和。如果她也願意冒險，承擔代價，是可以這樣做的。

女孩沉思過後，說：「還是先不當電競選手吧！」

我聽了，很替她高興，但不是高興她的決定，而是她願意為自己做出選擇，並承擔後果。如果成為電競選手是她的夢想，她所做的決定，代價便是放棄夢想。她做的任何決定都是沒有問題的，只要那是她的選擇，她願意為自己的選擇負責即可。

然而，與其要孩子做出這類艱難的決定相比，我更希望有更多大人能藉由學習對話、靜心等方式，改變自己的內在，調整與孩子的互動。

從這個角度來看，現今的父母是幸福的。當年，我們的父母沒有其他選擇，但現在有太豐富的學習管道與資源了，只要願意，每個父母都可以成為更好的父母。

我的父母當然也是好父母，他們用他們會的方式教養我，他們盡力了。

# 情感需要累積

二〇二三年春節，父親剛離開十個月，我特別想念他，大年初四，想到塔位跟他與母親說說話，可塔位所屬園區未開放，遂改道至那片荒廢的果園走走。

爺爺走後，父親繼承一塊山坡地，闢為果園，種著文旦、紅柿等水果，有好些年也種絲瓜，每逢週末，他總騎著腳踏車上山照料。

我念小學時，他常載我上山，當時沒覺得如何，長大後自己騎著腳踏車費勁的上山，才驚異於父親當年體力之好。很難想像，如果我踩著腳踏車，載著一個孩子上山，會是何等狼狽模樣？

小時候上山，自然很難幫得上忙，

只會坐在一旁問：「這是什麼？」「那是什麼？」或者，只是靜靜看著頭戴斗笠、腳穿雨鞋的父親忙活。

升上高中，我的個子長高，力氣變大，可以幫得上忙，父親也買了二手廂型車來載運水果。有次颱風來襲前夕，我跟著他上山搶收文旦，他教我如何剪文旦而不傷及果皮。我將整個過程記錄下來，投了稿，得到一個全國性的寫作獎（見附錄一〈鄉土之祭〉）。

作品集結成冊後，興奮的拿給母親看，父親很好奇，也挨過去看，我在一旁尷尬極了，因為我們當時早已決裂，很少說話，被他看著我用文學筆法細述我對他與那片土地的情感，真想把書搶回來。

就讀大學後，我們漸行漸遠，乃至十八年不說話，我還是偶爾會上山走走看看，不過都是獨自一人。

中年之後接觸薩提爾模式，才逐漸意識到那片土地、那段往事對我的意義：我們父子的內心深處，其實都在意對方、深愛對方，也關心對方，只是當年都沒有能力好好溝通，不是不想和好，而是不知怎麼和好。冷戰、不說話，對於當年的兩人而言，可能是最好的應對方式吧，也是沒有選擇中的選擇，或許，會比一說話就激烈衝突來得好？

深入學習薩提爾模式後，才發現溝通沒那麼難，但三十多年前，要去哪裡學呢？只能任由打岔的應對姿態從少年蔓延至中年。

父親走後，這是我第一次回去那片土地，一度走錯路。找回熟悉的路之後，好奇怪，陽光如此燦爛，山色如此翠綠，我的眼淚卻停不下來，過往兩人一道上山的畫面不斷湧上：小時候，我坐在腳踏車後座，緊緊摟著父親的腰；高中時，我坐在父親的廂型車裡，靜默看著窗外，不跟他說話……

這份專屬於我和父親的記憶，再也無人可以訴說了。

父親住在養護中心那六年，儘管記性日趨退化，每當我提起十件往事，他至少還能回應一、兩件，兩人聊著有共鳴的話題，那些陳舊的記憶因此鮮活起來。

從今往後，沒有了，只有愈來愈斑駁、褪色、模糊的記憶。

據說，當一個原始部落只剩下一人活著，那個部落的語言等同於滅絕，因為語言是用來溝通的，而溝通至少需要兩個人。

從這個角度看，我與父親的共同語言也已滅絕了吧！所幸，我們和解了，找回失而復得的情感連結，那些記憶的背後，那些溫暖的愛，仍在我的內在流淌。或許，正因為失而復得，才讓我特別珍惜與思念吧！

細思之，能在多年後與父親和解，固然與我的努力有關，但也不無運氣成分。試想，如果父親沒有意願，任憑我有多麼渴望和解，如之奈何？

再者，也要歸功於我們曾有深厚的情感連結，有許多愛的回憶，這些都是珍貴資源，供我日後取用。因為，並不是人人都能與父母和解，有些人小時候遭父母虐待、忽略或遺棄，要他們長大後與父母和解，不僅不公，而且殘忍。相比之下，我太幸運了。

二〇二一年七月，父親因高燒住進醫院，我去照顧他。燒退之後，身體仍然虛弱，在那十四小時裡，他多半都睡著，清醒的時間不多，我很珍惜這段相處，與清醒時的他有不少互動。我告訴他，我很愛他。我告訴他，能看到他，我很開心，我們五十多天沒見面了，我很想念他。我告訴他，這幾年他過得很辛苦，我很心疼……。這類一致性的表達，是我近年學習了薩提爾模式，才有辦法說出口。

時值COVID-19疫情延燒，在核酸檢測結果為陰性後，我才得以外出去買兩人早餐。回到醫院，先餵父親喝牛奶，讓他一小口、一小口慢慢喝。輪到我吃早餐，見水果中有幾塊火龍果，頗適合無法咀嚼較硬食物的父親，正好他也願意，於是又餵他一小口、一小口慢慢吃。

這樣的畫面，我一直記得。

我清楚記得，兩、三年前，有次父親大病初癒，我去養護中心看他，看護正在餵他吃粥，我說：「我來吧！」便從看護手中拿過碗來。粥看起來並不好吃，但父親的胃口很好，一口接著一口。

那樣的畫面，我一直記得。

就像我也記得，四、五歲的時候，有天母親不在家，不會做菜的父親特地煮了一鍋豬肝湯，我站在床上，他坐在床沿，小心翼翼用口吹氣，讓熱湯降溫，一小口、一小口餵我喝。

我也記得，學寫字時，我坐在折疊的木製課桌椅上，手握鉛筆，父親半蹲在我身後，用他的大手握著我的小手，一筆一畫教我寫字。日後我的字寫得還算好看，是他教出來的。

我也記得，念小學時，每到假日，我們常賴床躲在被窩裡，暢聊歷史與地理，他有問必答。母親與妹妹常感困惑，這對父子究竟在做什麼，為何不時從被窩裡傳出笑聲？

我也記得，父親在幫年幼的我洗澡時，我常吵著要他說故事，他總說自己不會，被我逼急了，才講著我早就聽爛的〈狼來了〉。

我也記得，我第一首會唱的閩南語歌，是郭金發的〈行船的人〉，那也是父親在幫我洗澡時，因拗不過我的要求而教唱的。我仍然記得，歌詞是這樣的：「希望你不通傷悲，咱來離開是暫時，因為我是行船人……」

這類美好的相處片段，持續到國中，我們常一起在家打乒乓球，我仍然記得，父親總是喜歡吊高球，以慢制快，我的殺球則永遠難以取勝。那樣的日子，隨著我念高中後父子衝突日增，一去不返。但那些愛的連結、美麗的回憶始終留存在心底，成為我日後與他和解的重要資源。

要看到這些資源，並加以運用，需要體驗式的學習以及長期浸潤。猶記剛學薩提爾模式之初，我看見的多是父親過往對我的傷害與負面影響。當然，這樣的看見也很好，只是還不夠。隨著學習的深入，我逐漸能用豐富的眼光，也看見他與母親帶給我的正面影響。如今，倘若要用一個詞彙來概括我的原生家庭，我會選擇「穩定」兩字。

這些年從事相關工作，閱讀相關書籍，我愈發意識到一個穩定的家庭，有多麼不易！而我何其有幸，有個穩定到不可思議的原生家庭。

首先，我父母的感情很穩定，他們偶爾會冷戰，誰也不理誰，但幾個小時、幾天後就回歸正常了。他們之中也沒有誰外遇，我從來都不必擔心父母會分開，不必擔心我會被丟下不管，不必擔心我必須選邊站。光是如此，我已感覺自己無比幸福。

再者，他們的健康也很穩定。在我成年之前，他們沒有人曾住院，沒有人有身心疾患。他們不菸、不酒、不賭，無不良嗜好。我每天放學回家，每天早上起床，都可以看到健康的父母，我從來都不必害怕他們會從這個世界消失。健康與否，有時並非操之在人，原生家庭給了我如此健康的父母，我既幸福又幸運。

此外，他們對待我的方式也很穩定，不會無緣無故打我、罵我，偶爾會打，用很細的藤條打，但次數很少，也不會往死裡打，會往死裡打的都是學校老師，那些老師帶給我的傷害反倒比較大。

我家的經濟情況也很穩定，一直是小康之家，不曾暴富，也不曾家道中落、負債或破產。父親在電信局（中華電信前身）工作至退休，母親做家庭代工貼補家用，小姑姑曾以「勤儉樸實」概括我父親，這四個字也適用於我母親。

有個細節，或許可看出這個家庭的穩定。

在我成長過程中，母親不曾晚上不在家，而父親只有在需要值夜班時才會如此，但次數不多，每一、兩個月才值夜一次，隔天早上就會回家，一切皆可預測，不會突然發生。

如此穩定的家庭其實不多見，但我以前並不知道，我長年將這一切視為天經地義、理所當然。直到這些年，看見周遭有那麼多不穩定、難預測的家庭，才意識到自己有多幸福。而為了經營如此穩定的家庭，父母一定付出很多，我唯有深深敬佩與感恩。

學習薩提爾模式，讓我能用豐富的眼光，看見原生家庭的「穩定」，進而喚起我與父親之間深刻的情感連結，內在許多陳年的怨懟與忿恨開始自然而然的釋懷、放下。重新踏上那片荒廢的果園，我無法停下的淚水是思念，是感恩，也是對父親無盡的愛。

練習三

# 面對現實，長出內在力量

# 改變自己

我與父親生活在同一個屋簷下，曾經十八年不說話，直到母親意外過世，我才驚覺，生命正在用最殘酷的方式，迫使我面對不想面對的事。

無從逃避後，我開始學習和父親相處。無奈積怨太深、隔閡太久，我們之間大小衝突不斷。有天晚上，大戰方歇，我打電話給崇建：「我和我爸爸需要你的幫忙。」

「你的目標是什麼？」崇建問我。

「我希望改善父子關係，陪伴父親走完餘生。」

「那爸爸的目標又是什麼？」

這可把我問倒了。

「是他真的想來，還是你對他有期待，希望改變他呢？」

這麼快就被看穿意圖，我感到很困窘。

「他如果願意來，我當然願意和他談。但我的經驗是，跟老人談話比較困難，他們很難改變。你反而比較容易改變，你來吧！」

最終，我答應去找崇建談話，但是感受很複雜。

在談話過程中，我的內在冰山逐漸鬆動。崇建問我：「你可以原諒父親，不再生他的氣嗎？」

沉默一會兒，我說：「我不知道。」

這是我內在最真實的聲音。我的大腦完全能告訴自己「可以」，但我心中有個東西一直過不去，無法讓我打從心裡說「可以」。

聽到我這樣說，崇建問：「那是什麼？」

我全神貫注在自己的感受上，我也想知道那是什麼。

原來，那是不甘心。我不甘心只有我需要改變，父親竟然不必改變。

「志仲，你來這裡找我談話的目標是什麼？你一開始說，希望改善父子關係，陪伴父親走完餘生，這真是你的目標嗎？」

這的確是我的目標呀，所以要兩個當事人一起改變，不是嗎？

「如果這是你的目標，你緊緊抓住對他的怨恨不放，目的是什麼？」

我不明白他的意思。

「你能從怨恨中得到什麼好處？」

我陡然一驚。怎麼可能？我什麼好處也得不到呀！

「不可能。你一定能從怨恨中得到什麼，才會緊緊抓住不放。」

崇建在挑戰、衝擊我，我更混亂了。

他停頓一會兒，讓我整理混亂的思緒與感受。

「你來這裡真正的目標是什麼？只是為了改善父子關係，還是有個更大的目標——你渴望自己是寧靜、自由的？有這個可能嗎？」

我再次被打中了，忍住眼淚。

「既然你的改變是為了讓自己更好，你的父親是否改變，很重要嗎？」

我嘆了一口氣，搖搖頭。

「那麼，你現在可以原諒父親，不再生他的氣嗎？」

我對他沒那麼生氣了，但還是不太甘心。

「你的不甘心是什麼？」崇建問。

我再度專注在這個問題上。

我不甘心多年來對他的怨恨，原來只是青少年時期未滿足的期待，而我早就長大了。我不甘心堅持這麼多年的怨恨竟然一文不值，居然能這樣輕輕放下，那我多年來的堅持不是顯得愚蠢、幼稚嗎？怎麼會這樣？我不甘心。

我邊說邊笑，因為這些感受、想法太荒謬，卻又如此真實。我還是沒能完全放下怨恨與不甘心，崇建也不勉強我立刻放下。

回家後，我發現我能較寧靜、自由且放鬆的和父親相處了。他還是原來的他，經常要求我配合他去做一些事。

而我已知道真正的自由不只是外在的，更是內在的：他想怎麼做，我尊重他，不干涉他，但他希望我怎麼做，我可以自由決定要不要做——如果要做，也是心甘情願的做；如果不想做，就拒絕他，平靜的拒絕，當下沒有怒氣與指責，事後沒有後悔與內疚。

當然，這個過程不會如此順利，我們的關係時好時壞，有時進兩步退一步，有時進一步退兩步，這一切都在預期之中，我需要在日常生活裡更多覺察，將每次衝突、誤會都視為練習覺察的大好機會。

有一天晚上，才七點半，我下樓要幫父親點眼藥水，並提醒他吃藥，沒想到他已就寢。自從母親離開，他睡得愈來愈早，經常夜裡八點多就已入睡。那陣子更早，「早得不像話」——這是我的解讀。我生氣的叫醒他，要他找點事做，看看電視、報紙也好。結果，引爆一場衝突。

事後我才意識到，原來我也在做父親常對我做的事。他要求我配合他，我也要求他配合我；他干涉我，我也干涉他，多諷刺呀！

真正的自由，原來沒這麼容易。真正的自由，不只意味著我是自由的，我可以自由選擇；也意味著父親也是自由的，他也可以自由選擇：他晚上想幾點就寢，那是他的自由，我無權干涉。

要做到真正的自由，我需要讓自己長大。

家族治療大師維琴尼亞．薩提爾（Virginia Satir）在她的名著《新家庭如何塑造人》（*The New Peoplemaking*）裡說：「在處理過幾百件父母與青春期子女之間的修補過程後，我發現絕大多數的父母尚未完成自己的青春期，以至於很難幫助子女學習連他們自己都還沒學到的東西。」

薩提爾女士的感慨是對的，許多成人只是身體成年了，內在其實還是個青少年，並未長大。可怕的是，成人多半誤以為自己長大了。更可怕的是，當中還有許多人當了父母或老師。

親子、師生之間的衝突，不常是如此嗎？大人並未意識到癥結出在自己身上，青少年自然也不可能發現自己面對的其實不是成熟的大人，而只是一群長得比較老的青少年。

如果大部分的成人都未完成自己的青春期，我和父親也不會是例外吧？因此，實際的圖像是：我家住著一個七十歲的青少年，以及一個四十歲的青少年。要七十歲的人完成他的青春期是非常困難的，只好由四十歲的這位去完成自己的青春期。

這不僅是為了讓我們的父子關係更和諧，也是為了我自己，如果我想讓自己在中、老年走得更踏實，就得先完成自己的青春期，成為真正的成人。

在這個過程中，崇建給予我許多幫助，只要我卡住了，向他求助，他都會大方與我對話。

而托勒的這段話，對我更是影響深遠：「為別人帶來轉化最強而有力的方式，不是強求改變，而是完完全全接納別人現在的樣子。」

一天，父親顫顫巍巍抱著一堆銅板走來，堆在桌上，開始抱怨十元和五十元硬幣長得太像，讓他分不清楚。

這次，我全然接納了，沒有憤怒、厭煩，沒有指責父親不好好練習分辨兩種銅板的差別，也沒有嘲笑他竟會問：「有二十元硬幣嗎？」這些，都是我以前會做的事。我只是默默從口袋裡取出皮包，拿出兩百元鈔票，與他換了兩百元硬幣。

在此之前，崇建曾建議我，在兼顧自己的感受下，可以邀請父親去散步。兩個月過去了，我一直沒有這樣做，因為我不想違背自己的感受。銅板事件過後幾天，吃過晚飯，天色還亮著，我終於心甘情願，邀請父親一起去散步，而他也同意了。

我帶著父親到半公里外的公園散步，離家雖不遠，卻是他第一次來，他對這座美麗、寬廣、乾淨的公園有很多好奇與讚嘆，像個小孩一樣東張西望。我頻頻想起十多年前，我也曾帶著還未念小學的外甥融融來這裡玩耍，融融當時也有許多好奇與讚嘆。

當年，我牽著一個小小孩的手；這次，則牽著一個老小孩的手。小小孩會愈長愈大，老小孩只會愈長愈小。很高興在父親走入史考特・費茲傑羅（F. Scott Fitzgerald）《班傑明的奇幻旅程》（*The Curious Case of Benjamin Button*）的結局之前，我們可以牽著彼此的手，如此和諧相處。

# 覺察情緒

深秋的午後很暖和，幾隻黑狗趴在寬敞的馬路上，舒服曬著日光浴。我搬了一張椅子到養護中心外，與輪椅上的父親並肩坐著，陽光像黑狗般，安靜窩在我們腳邊。

我問父親，還記得我失業多年的往事嗎？他點點頭：「還記得一些。」

「當年，你怎麼看你這個兒子？」

父親笑了笑：「已經那麼久了，早就忘記。」

我倆曾經十八年不說話，但是我想，當年對彼此應該還是有些看法的。可惜，他忘了。

黑狗在不遠處享受著溫暖的陽光，

我和父親則享受著午後的寧靜。偶爾，有風輕輕拂過，那風的溫度，像極了春風。

父親緩緩開口：「你媽媽應該離開十幾、二十年了吧？」

我笑了：「沒那麼久，六、七年而已。」

不過，這六、七年發生太多事，會給人已經過去十幾、二十年的感覺，倒也合理。

「我想問你一件事。」父親的表情突然嚴肅起來。「你媽媽離開後，我們是怎麼過日子的？」

「你忘了？」

父親嘆口氣：「我都忘了。」

我花費一點時間，細細告訴他，母親過世後，我和妹妹如何輪流照顧他的飲食？而他又是如何生活？如何去看醫生？為何不再開車？……

他因此想起來的，便點點頭；還是沒印象的，便搖搖頭：「不記得了。」

母親離開後，父親繼續在家住了一年半，才因病難以自理生活，轉到養護中心住了六年，直至病逝。

其實，豈止父親不太記得那一年半的往事，我也很少想起，直到他離開多時後，才經常憶起他在家的身影。

母親車禍、猝逝的事，對父親打擊太大。車禍當下，母親顱內大出血，父親與我得知消息，先後趕往醫院，在手術室外守候數小時，好不容易盼來消息，母親的命救回來了，儘管還昏迷不醒。

傍晚時分，天色漸暗，我與父親離開醫院，搭上他開來的廂型車。倒車時，他竟擦撞到停在隔壁的車輛。我用「竟」字，是因為父親一生謹慎，開車尤然，不曾發生這種事。而更令我震驚的是，擦撞後，父親竟未停車，反而想加速離開。是我再三勸他停車，他才熄火，讓我下車處理。

父親是「壞人」嗎？認識他的人都知道，絕對不是。他離世後，小姑姑在告別式上，以「勤儉樸實」四字描述她的兄長，我認為是蓋棺定論。那麼，為什麼他在車子擦撞後會想「逃逸」呢？

回想車禍當天中午，我在補習班教兒童作文，接到醫院來電，告知母親命危，要立刻決定是否動手術。我一時愕然，半晌之後，才問：「有通知我爸爸嗎？他怎麼說？」

醫生說：「他趕到醫院了，但是嚇得六神無主，說不出話來。」

母親車禍對父親的衝擊之大，連醫生都看出來了。反映到開車上，會進退失據、不知所措，也就不令人意外。

母親過世後不久，父親的身心更退化到不會開車，而他原本最擅長的正是開車，連貨車、卡車與客運駕照都有。我和妹妹擔心他的安全，與他討論後，他把車子賣了，賣得一個好價錢，父親很得意，那是他平日悉心照顧愛車的結果。

不再開車的父親，活動範圍大受影響，只剩下兩條腿代步。加上他的朋友本來就少，不，他其實沒有朋友，這是我日後從他口中問來的答案。父親與親戚也絕少來往，妻子與家庭一直是他生活的重心，喪妻之痛讓他頓失重心，每天孤伶伶活著。

幸好，他與我的大叔叔、小姑姑感情甚篤，三人常有往來。大叔叔就住附近，下午散步時，常會順道來訪，兄弟倆就坐在門口，閒話家常，那是一幅美麗、溫馨的景象，我至今難忘。

有時，父親也會走路到我大叔叔家聊天。小姑姑住在山上，距離較遠，父親自從賣了愛車，難出遠門，我會先查妥公車時間，好讓他搭車上山。

這是他僅有的人際圈。

那一年半期間，父親至少有兩次想拓展人際圈。

一次，他午睡醒來，獨自出門，傍晚始歸。我原以為他只是去診所拿藥，沒想到還搭了公車，到新田找朋友。新田在豐原、潭子之間，據父親說，他有個當兵時的好友住在新田，他想去找這位朋友。

母親走後，父親一直走不出來，大多時候，哪裡都不想去，什麼都不想做，幾乎都是一個人吃早餐，一個人吃午餐，一個人吃晚餐。

早餐前，看看報，到公園走走路。午飯後，睡個午覺，發發呆。晚飯後，煮個熱敷包，一個人在房間熱敷，以前最愛看的政論節目不看了，最愛聽的老歌也不聽了，夜裡七、八點即就寢。日復一日，如此活著。這天，忽有如此興致，自是一大突破，我也替他高興。

有找到朋友嗎？父親搖搖頭。怎麼回事？

他說，當年在軍中的好友，退伍後就沒再聯絡了，五十年不見，他連好友的名字都記不全，亦不知住在新田哪裡。下了公車，景物全非，四顧茫然，只能抱憾而歸。

另有一次，很難得，他想去小舅家坐坐。

母親的三名兄弟中，小舅和我們家交情最篤，往來最多，在母親告別式上封釘的，是他。小舅對我也很照顧——我念小學的時候，送我《唐詩三百首》；我考上大學，送我《辭海》；我中年了，給我一把山中小屋的鑰匙，有一陣子我常獨自上山靜心，我在《重啟人生的17個練習》一書最後一篇〈山居歲月〉，寫的就是那段日子。

那天，我陪父親到小舅家，一坐兩小時，啜飲著菊花茶，有時不免想起我與父母同來的往事，窗外灑進的陽光一樣溫暖，但這次來的，只有兩個人。

小舅夫妻很殷勤，拘謹的父親慢慢打開話匣子，臨走前，父親對著他們講了一件我不知道的事。他說，這陣子一到晚上，只要我到學校兼課，他一個人在家，心裡就會感到「稀微」。

「稀微」是閩南語，也是中國古話，指寂寞、孤單。稀、微，都有「少」的意思，心裡少了某些東西，空蕩蕩的。「稀微」二字，可真傳神呀！

我是很能獨處的人，甚少感到孤單，獨居山中數日都很自在，父親所言的「稀微」，我甚難體會。

某日，父親搭公車到小姑姑家，我一個人在家改作業。冬天，太陽下山得早，傍晚五點左右，我要下樓熱飯菜，整棟房子除了我的房間點燈，其餘都是暗的，此時，我在漆黑中拾階而下，竟也感受到些許「稀微」……

將我的感受乘以十倍、百倍，就是父親的感覺吧？

熱好飯菜後，我在樓下開了一盞燈，留給晚歸的父親。轉身正要上樓，心想：「還是出門到巷口等他，父子一起回來吧！」

這天，我可以為父親多做一點，但來日，天幕再度低垂，我不在家，他還會繼續「稀微」。如何面對自己「稀微」等情緒？這是父親的人生功課，我可以陪伴，卻無法代替他去面對、完成自己的功課。因為，我也有自己的人生功課要面對，這是我的責任，他人同樣無法代勞。

回想那一年半，父親孤伶伶的時候，我在做什麼呢？

我們父子曾冷戰十八年，母親走後，「我們」才走上和解之路。「我們」二字要加引號，這是因為「和解」是我的用詞，父親或許從未意識到我們之間有和解的必要與可能。和解多年後，有次在養護中心，我偶然提到我們以前關係不佳，曾十八年不說話，他語帶詫異：「有這回事嗎？」

母親車禍後，我努力做著和解的功課，不只想和父親和解，更想與自己和解。這個歷程，我在《重啟人生的17個練習》一書已有詳述。簡而言之，我深入學習薩提爾模式，並一次次重讀托勒的書，每天走冰山、靜心、自由書寫，在父子關係卡住時，便找崇建談話。

這個過程不容易。母親車禍當天傍晚，我一到家，便回房間，倒臥床上大哭。在傳統觀念裡，「男兒有淚不輕彈」，幸而此時我已學習薩提爾模式和托勒一年多，知道眼淚是健康的，我允許自己流淚，但又不止於流淚。在大哭同時，也嘗試捕捉較難捉摸的情緒。

我覺察到，眼淚背後是一股強烈的孤單感，也就是父親說的「稀微」。接著，我承認自己此刻是孤單、脆弱的，而後開始觀察內在，感受孤單如何在體內流動、蔓延，進而與它相處、同在，完全不加以抗拒，儘管那個滋味不好受。

隔天，我到車禍現場蒐證、訪談，回家後，又哭了一場。我用同樣的方式覺察、承認、觀察、接納。唯有能一次次去經驗、接納孤單，才可以從孤單的痛苦中走出來。

這個過程最困難的，或許在於一開始的「覺察」，如果無法第一時間就覺察到自己深陷情緒之中，自然會更難以覺察自己正深陷何種情緒裡。不覺察，就會認同情緒，將情緒等同於自己。一旦覺察了，便能拉出我們與情緒之間的距離，情緒自會逐漸減弱，乃至瓦解，亦不會積累在體內，成為日後隨時可能爆發的情緒地雷。

這需要長期有意識的練習。在母親車禍前，我已天天如常練習，並常與崇建討論。

印象特別深刻的一次，是到崇建的作文班找他，聊及彼此身上的痠痛。他說，他的肩背以前也常痠痛，近五、六年完全不會了，他建議我可以練習覺察肩背裡的情緒。

在那之前，我已經能覺察到我的憤怒會聚集在胸腔，腹部不舒服則與焦慮、緊張、不安有關。至於肩背，我從未想過也會有負面情緒深鎖其中。

離開作文班後，搭上公車，我閉上眼睛，將注意力集中在肩膀，覺察其中的情緒。

一開始有點困難，注意力經常跑掉，肩膀的痠痛很難精準捕捉。這可能是身體背部原本就比正面更難以覺察，但也可能我才第一次練習。我試著更加專注於當下。此刻，肩膀除了酸痛，還有什麼感受呢？

我感覺到了，是累，好累，肩上彷彿扛著重物般，好希望能卸下。我與疲累同處，臣服於它，繼續深入覺察。還有別的嗎？

突然，有一股想哭的衝動，那是……悲傷！

我很驚訝，我的肩膀裡竟深鎖著悲傷？這悲傷是哪來的？

慢慢的，我逐漸意識到，那與十多年前的生命經驗有關。當年，我負氣離開任教的高中，到台北找工作，原以為可以很快找到，結果卻四處碰壁，整整失業兩年。在那段過程中，有失落、失望、挫折、沮喪、受傷、害怕和焦慮等情緒，難道沒有悲傷嗎？還是我隱藏、抗拒了若干情緒，焦慮因此進入腹部，悲傷因此藏在肩膀？

察覺到悲傷之後，我日復一日的覺察這份悲傷。一天夜裡，我從兼課的大學下課，來到火車站候車，忽然意識到困擾我多年的肩膀痠痛消失了，一身輕盈，那肩膀彷彿不是我的。我太驚訝了，連忙撥電話給崇建，分享此刻的喜悅。

父親住在家中的那一年半，我持續於生活裡做著這類內在覺察的練習。等到內在長出力量，能夠安穩陪伴父親時，他已經入住養護中心。當然，那也不遲，那是有品質的陪伴。

# 專注當下

母親離開後，我得面對諸多艱難的生命議題，包括母親猝逝帶來的內在衝擊、冷戰十八年的父子關係，以及曠日廢時的車禍官司。有時，是個別面對這些議題；有時，則必須同時面對。如果沒有一些工具，我大概很難過得了這些難關。

遇見托勒的書，是我能夠走過那些難關的關鍵，他的幾本主要著作，我都讀過百次以上，他的許多教導與提醒，都成了我的生活指南，其中一個教導是「臨在」。

很難用幾句話描述何謂臨在，簡單來說，臨在是指專注當下，無論當下是什麼，都不抗拒。如果當下是平靜的，就專注在平靜上；如果當下並不平靜，有許多情緒，便專注感受這些情緒。

母親車禍猝逝後，我與妹妹商量，為了不讓父親承受漫長官司的折磨，就由我們兄妹來處理後續吧！我因工作較忙，一開始都是妹妹出庭，後來才由我出庭。我曾去過車輛行車事故鑑定委員會開會，領教過個中滋味，知道心裡會有許多抗拒與痛苦，但直到實際出庭，才知道自己的抗拒、痛苦有多深，不知妹妹是如何度過的？

有次下午要開庭，我從早上就渾身不自在，難以臨在，無法好好做事。下午出門前，我特地躺下來，與那些不舒服的感覺共處，消化一些情緒，並悠悠小睡十分鐘。

出門後，那些情緒又出現，腹部很不舒服，我試著在火車上感受這些情緒：主要是憤怒和焦慮，以及少許悲傷。取出托勒的書，隨手一翻：「把注意力放在當下，……當你全神貫注於當下，是不可能有問題的。」

我逐漸平靜下來，儘管內在還是不快樂，但我讓正反兩股力量在體內和平共存。

進了偵查庭，不舒服的部位由腹部轉移到了胸腔，我得專注在庭上的問答，無暇處理情緒。出了庭，才意識到胸口又悶又緊，很不舒服。在陽光下走著，開始梳理翻攪在一起的情緒，憤怒是最明顯的，但不只憤怒，唯憤怒的能量太強，我竟一時感受不到其他情緒。

焦慮肯定沒有了，我都從法院走出來了。「是悲傷嗎？」我的眼眶忽然一濕。真的是悲傷！比出庭前的悲傷還深。

走在溫暖的陽光下，我讓自己和憤怒、悲傷共處，心中慢慢出現一小片平靜，胸口不那麼緊了。

等待紅綠燈時，我還覺察到其他情緒，包括懊惱、沮喪、自責。原來，我是對自己剛剛在偵查庭上的表現不滿意。

梳理出這些情緒後，我接納了它們，讓它們各安其位。

不久，緊繃的胸口逐漸鬆開，能量似乎要往身體各處流去，卻又停了下來。身體和情緒之間出現空間，它們不再那麼那麼緊密結合、彼此認同。

我從痛苦中走了出來，從陽光中走回了家。這便是臨在的力量、當下的力量。

然而，這並不意味著此後永遠不會再有痛苦，我必須在生活的挑戰中一次次練習，尤其是父子關係。

托勒說：「在一段關係中，如果雙方過去有很多糾葛，就必須更為臨在，否則你們將被迫一而再、再而三的重演過去。」

面對糾纏的父子關係，我更需要一次次練習臨在，一次次回到當下。

有一次，在出門用餐前，經過客廳，父親說了一句話，我便生氣了，我在第一時間覺察到自己的憤怒，沒有像以前那樣慣性的發作，而是選擇離開現場。

到了餐廳，點了一盤蝦仁蛋炒飯。候餐時，我開始覺察自己的憤怒（候餐時間真是理想的自我覺察時段），我想知道，是否有其他感受隱藏在我對父親的憤怒底下？

我覺察到失望（對父親失望）、挫折、沮喪，以及無力。

在這幾種感受裡，哪一種才是當下最主要的？

我原本以為是失望。經過細膩的覺察，我發現，其實是無力感。當我專注在自己的無力感，我深深嘆了一口氣，雙肩陡然下垂，眼皮沉重的闔上。是的，無力感才是隱藏在我對父親的憤怒底下最主要的感受。

憤怒會產生力量，透過憤怒，我隱藏了無力感，變得有力量。憤怒的另一層作用是——我們會認為自己是對的，別人是錯的，別人得為我們負責，我們自己沒有責任。憤怒是多好的偽裝！

蝦仁蛋炒飯端上來了，但我繼續與深沉的無力感相處——我承認自己是無力的，我接納自己面對父子關係也有無能為力的時候。當我全然臣服於無力感，憤怒不見了。

另有一次，兩件事一起來，那是更大的考驗，要練習臨在，更是不易。

那天早上，父親突然走進我的書房，說心臟不舒服。

茲事體大——幾年前他心律不整，裝了心臟節律器；幾週前複檢，他的心臟已無法自主跳動，端賴節律器維生——我立刻帶他到醫院，掛號看他平常看的那位醫生。我們掛到八十五號，但當時才看到二十四號。

此時貴人出現，和我熟識的護理師過來問明情況後，研判不能再等了，旋即熱心奔走，安排父親照心電圖、看醫生，接著叫車轉院，到台中掛急診。

與父親一同搭計程車到台中，沿途我一直焦躁不安，因為當天下午，我還得前往車輛行車事故鑑定委員會開會，處理母親車禍的事，但我同時得在醫院陪伴父親，如需動手術，我得簽同意書。

事有兩件，我只有一個人，怎麼辦？打電話找妹妹幫忙，不想她也為難。她剛換工作單位，人手不足，很難請假。這下我更急了。我的頭腦知道現在不能急，但是身體和情緒無法說謊，無法裝做不著急。

到了急診室，時間一分一秒過去，得做出抉擇了——是丟下父親，還是放下開會的事？就在幾乎要選擇後者時，腦中忽然閃過一個人影，我撥電話給住在太平的表弟，他正好有空，可過來照應父親。

下一個抉擇是：要等表弟來，還是馬上走？開會的資料放在家中，沒辦法等，於是我叫了計程車，火速趕到台中火車站，正好一輛北上自強號到站。又是個抉擇！還沒買票呢，是要拚一下，還是等下一班車？

根本沒時間多考慮，立刻找售票機投幣。該死，是壞的，投進去的錢都掉出來。換另一台，是買到票了，我卻忙著取回零錢——都這個時候，還執著於這點身外之物？幸好在台中站上下車的人多，停車時間稍久，我僥倖趕上自強號。

回家後，胡亂吃了頓飯，開始整理東西，要印資料，墨水卻已用完——還好之前買了兩個備用。帶上父親的眼鏡、藥物，嗯，以及學生的作業（父親也許要住院幾天，我得找點事做）。忙完了，又去趕火車。

僥倖沒有第二次，當我奮力跑到月台上，電聯車關門走了。下一班車要二十五分鐘以後，我嘆口氣，接納這個事實。眼下除了接納，我什麼事也不能做。計程車也快不過火車，我只能利用等待的時間，練習臨在，讓自己安住當下。

真難。拉回來的思緒，很快就跑走。身在這裡，心卻無法一直在這兒。我轉而感受當下內在的各種情緒：著急、無奈、不安⋯⋯，試著與這些情緒同處，但只能維持幾秒，注意力又跑掉了。總算明白，為什麼托勒會說：「要多在平順的生活裡練習臨在，臨在之光才會容易進入不平順的情境中。」

好不容易搭上下一班火車，再轉計程車，最終提早到了鑑定委員會。

這是我第一次見到肇事者，五十七年次，卻滿頭白髮。我和承辦員警搭電梯離開會場時，肇事者正假裝和律師低頭討論事情，沒進電梯來。看著他們，我的內在五味雜陳。

走出大樓，內心平靜多了，不再攔計程車，而是慢慢走到站牌，搭上六十一號公車，前往急診室，和表弟換了班，靜靜坐下來，陪在父親身邊。身在哪裡，心就在哪裡，此刻，我開始能做到臨在。

幾年前，我也先後陪母親、父親來過這家醫院的急診室。當時我很抗拒，希望趕快離開，動輒去問護理師、醫生：「檢查結果出來沒？」「多久能看報告？」老是覺得他們忘了我們，一想到這些，心裡就有許多的著急、憤怒和失望。

急診室的環境也讓人受不了，隔壁床是個吞了八十幾顆安眠藥的枯瘦年輕人，對面則剛來一個哭天搶地的老病患，叫聲淒厲……，那裡的氣息、聲音甚至一切，都讓我胃痛。

這天下午，則完全不同。當下我能做的，就是待在那裡。我無法享受那個環境，但可以接納。靜靜看著周遭的人，護理師來做檢查，醫生叫我去聽報告，我就配合；他們沒過來，我也不著急、不憤怒、不擔心。

我花了和注意外在事物一樣多的時間，注意自己的內在。我的內在出現哪些不舒服的情緒嗎？如果有，就去感受、觀察它們，把它們當成朋友，一起同處。

我不會說在急診室裡是快樂的，但我確實很平靜，異常的平靜。

就這樣待著。要待到什麼時候？我不知道。如果必須在這過夜，那就過夜吧！如果可以離開，就離開吧！有時也改作業，有時也四處「巡床」，看其他人正發生什麼事。不再胃痛，我很輕鬆。

到了傍晚，從醫生說也許可以出院，到確定可以出院，中間又歷經兩小時，可是我不覺得自己在等。「等」意味著期待未來而抗拒當下，意味著期待還沒到手的卻放棄已經擁有的。我只是靜靜坐在那裡，看著周遭的病患來來去去，感受自己的鼻息一呼一吸，覺察腦中的雜念出現了又消失，消失了又出現。

晚上七點，辦好出院手續。天冷，怕父親的心臟受不了，我招呼了計程車，一起回家。

回到家中，將父親安頓好，我也回自己房間，安穩睡了一個好覺，我又通過一次考驗。

這類的臨在練習，能幫助我清理習而未察的情緒，不再被情緒控制、綁架，進而能做出新的選擇。有時，甚至能同時改變我與父親兩人。

父親的個性有極其固執且強制的一面，當他想做什麼，往往不顧別人的意願與感受，我們之間因此時有衝突。

有天下午，我在午睡，他為了細故來敲門，努力不懈的敲，一直敲到我醒來去開門。被吵醒的感覺當然很差，加上他經常這樣做，我不免失去臨在，又和他吵了一架。

吵架過後，父親保證，再也不會這樣了。而我心知肚明，過沒幾天，他又會再來一次，這幾乎已是他的行為模式。而我只要失去自我覺察，往往也會隨著他的行為模式起舞，於是雙方再起衝突。

但這次有點不同，父親在既有模式之外，有了一些小小改變——他坐在椅子上，緊皺眉頭，右手摸著胸口，低垂著頭說：「讓你這麼痛苦，我也很痛苦。」

我注意到他的右手不斷按著胸口。他的心臟一直有問題，還裝有節律器。猜想他此時應有大量情緒囤積胸口，不知如何處理。

「你的胸口很悶、很痛嗎？」我問他。

他點頭不語。

正好我的胸口也有一些憤怒要處理，於是，帶著他做了三次深呼吸。這是幫助自己臨在的簡便方式。這次，父親沒有抗拒，也跟著做。

接著，我站起來，邀請他也起身。我緩緩走過去，做了一個連自己都很意外的舉動。

我上前擁抱了他。

我們剛剛才大吵一架，而我又是個不擅於擁抱的人，和他一樣。我不曉得自己為何會這樣做，但我知道在那當下，我心裡想這樣做。或許，這便是臨在的力量吧！

被我抱住後，父親直挺挺僵在原地，動也不動。我告訴他：「你也可以抱著我，我相信我很小的時候，你也抱過我，我們應該有三十幾年沒有這樣抱著。」

我不曉得自己為何這樣說，但我知道在那當下，我內心深處想這樣做。或許，這便是臨在的力量吧！

於是，父親放下拘謹，張開雙臂，擁抱我，並用手掌不斷輕拍我的背，彷彿我還是三十多年前那個小男孩。我眼前閃過一些泛黃、零星的畫面——他蹲下來，抱起年紀、個子都尚小的我，對著母親手上的相機微笑。雖然，家中只有他抱著我妹妹的老照片，但從他此刻雙手的節奏與溫度，我知道，他也曾這樣抱過我。

幾分鐘的擁抱過後，我們各自坐下。我發現，他的手不再按著胸口。我們父子之間複雜的糾葛，自然不會從此雨過天青，但至少又往前跨出一步。儘管，是非常不容易的一步。我們兩人都在努力著。

練習四

# 真心接納，繼續往前走

# 隨順生命之流

父親走後一段時間，我開始清空家中物品，也拍了一些照片，做為最後的道別。其中一張拍的是助行器，上面還有標籤，明確寫著購買時間：二〇一六年二月二十九日。

那天是星期一，傍晚時分，父親出院。當時我還不知道，那會是個「黑色星期一」。

兩週前的星期一（也是星期一）清晨，父親在家中倒下，我發現時，已不知倒臥多久，連忙叫了救護車，送他到急診室，並在醫院一住兩星期。住院期間，醫生強制他不能下床活動，導致他腿力盡失，出院時已無法自行走路，於是我去買了助行器，供他回家使用。

父親出院，大家都很開心，小姑姑來了，大叔叔來了，妹妹一家來了，大家歡欣鼓舞，看著父親走進家門，安坐在客廳裡。

而後，小姑姑走了，大叔叔走了，妹妹一家走了，只剩下我與父親兩人，天色慢慢變暗，漸有人走茶涼之感。

不久，我發現父親的神智不太對勁，或許是「譫妄」，這是我日後才知道的專有名詞。他忘記自己需要助行器才能行走，無論我如何提醒，每次他站起來，總會忘記助行器。我怕他跌倒，視線不敢離開他。

如此一來，我什麼事都做不了。無法去買晚餐，無法上廁所，甚至無法上樓拿棉被與床墊——本來打算當晚在樓下打地鋪，和父親一起睡。

當下，我陷入巨大無助之中，不知如何是好，打電話給小姑姑，她也不知該怎麼辦。幸而，她說了一句很有力量的話：「不管你做什麼決定，我都會支持你。」我於是鼓起勇氣，入夜後，打電話叫救護車，再次將父親送到急診室。

再次進入急診室，父親的精神狀態極不穩定。事後回想，如果我是他，也會如此吧！畢竟，好不容易出院回家，為何又莫名其妙住進醫院呢？但我當時已人仰馬翻，自顧不暇，很難想到這些層面。

這晚的急診室，與兩週前我和父親在此過夜的樣貌截然不同，無人嘔血，無人哭喊，顯得冷清多了，父親意外成為八點檔本土劇的主角，就算吃了安眠藥，打了安眠針，精力仍舊旺盛，再次與我上演「輸攻墨守」的戲碼——他是主攻的公輸般，我是主守的墨子，他拚命想起來，我拚命要他躺好。

兩週前，他住進醫院，我們才這樣大戰過三百回合。逼不得已，我簽了同意書，讓護理師再次用約束帶將他綁住。見他依然奮力想掙脫，我只能一夜無眠，陪伴在側。過程中，我常封閉感受，冷漠以對，否則積累過多、無從處理的情緒就要溢出來。

接近清晨五點時，父親終於倦了，昏昏睡去。我無暇闔眼，連忙在寒風中騎車回家，上網查資料（當時我不用智慧型手機），抄下一些長照機構的名稱與電話，心忖著：「暫時不能讓父親回家，別說他無法自理生活，我亦難以照顧他，我就連自己也快照顧不了，我沒有更好的選擇，哪裡可在父親出院之時收容他，就送過去。」

幸好父親第一次住院期間，我做了大量功課，將台中地區的長照資源仔細研究一番，此時方能快速查到相關機構的資料。當初做功課時，著重在安排父親出院後的居家照顧，送往長照機構是萬不得已的最後一步，沒想到計畫趕不上變化，這最後一步居然「一步到位」。

再回到急診室時，尚未六點，天還黑著，我到醫院附設的護理之家申請床位，三十多個床位已滿，我登記到的是候補第九十九個，至少要等三個月。我嘆了一口氣，轉而聯絡其他護理之家與養護中心，當其中一所護理之家表示尚有床位，而且可快速入住，我彷彿在快溺水時抓住浮木，在黑暗中看到曙光，深怕這一絲希望到頭來會破滅，唯恐對方會對父親的精神狀況有疑慮而拒收，我遂在天亮之後，帶父親直奔身心科，請醫生開立診斷證明。

當一切手續都辦好，父親可以出院了，我以為可以鬆一口氣，正要聯繫護理之家時，壓抑過久、過多的情緒猛然湧出，蹲坐在無人的停車場大哭。

在那之前，我只能感覺到自己的焦慮與著急，想盡快將父親「脫手」。前一晚在急診室，我無助的應付著意識混亂的父親時，曾問護理師：「我好累，可以把他丟在這裡不管嗎？」她回說：「不行，因為你是他兒子。」

後來，回家查好各機構的電話，我並沒有直接回醫院，而是前往警察局詢問：「如果我把父親丟在醫院不管，會犯法嗎？例如，遺棄罪？」我內心深處並不是要丟下父親不管，而是太累、太無助，我需要有人幫忙，但不知有誰可以伸出援手。

因此，當我總算能將父親「脫手」，解脫感出現還不到一秒鐘，我突然想到：「我完全沒跟父親討論，甚至沒有告知他。他以為要回家了，哪裡知道會去另一個全然陌生的地方？」瞬間，我內在其他原本被緊緊綑綁的情緒順勢掙脫控制，一擁而上。

在大哭之中，我覺察到自己混雜著愧疚、悲傷、不捨、心疼、無助、無力和無奈等各種感受，我其實深愛父親，也希望帶他回家，但此刻，我已筋疲力竭，只能這樣做，眼下實在想不到其他更好的選擇。

此時，我想起小姑姑那句話：「不管你做什麼決定，我都會支持你。」我想再次得到她的支持，於是又撥電話給她，誰知小姑姑一聽到我在哭，便一再安慰我別哭，我這才意識到：「不該找她的。」

也由於小姑姑的一再阻止，我原本正在釋放的情緒為之堵塞。但這並不是她的問題，我們的社會一向倡導壓抑眼淚、不要哭，小姑姑沒有上過薩提爾的課程，也沒閱讀過相關文章，怎會知道這是健康的淚水呢？

等護理之家的專車抵達，我頻頻向躺在病床上的父親道歉，眼淚滴在床單上，濕了好大一塊。父親見狀，反過來安慰我，說可以諒解我的處境。我聽了，眼淚更是停不下來。

幾個小時過後，總算將父親安頓妥當，我拖著疲憊身心，獨自走在街上，中午的陽光照得我襖熱難耐。回想前一天夜裡，急診室裡的兵荒馬亂，我心力交瘁；如今，竟將父親送到護理之家，這是我從未想過的事。這段期間只有十八小時，我沒人可以幫忙，也沒時間闔眼休息，我盡力了，我在能力內做到最好了。

事後有朋友問我，這次處理父親的事，我給自己打幾分？我想了一會：「應該有九十分吧！」我盡了一百分的力氣，做了九十分的事。

此時，我還不知道，「黑色星期一」還未結束呢！

當天回家後，胸口卡卡、悶悶的，甚至有些刺痛。我知道，那是尚待處理的情緒。雖然這些情緒我也能處理，但要花好幾天去探索、釐清，或許他人可以幫我走得更快、看得更清楚。我決定撥電話給崇建。

聽完我的陳述，崇建用平靜、緩慢、更多停頓的方式問我：「志仲，你有發現嗎？你剛剛的語調，和平常很不一樣。你是慌了吧？」

我長嘆一聲：「是啊，我慌了。」

我怎麼能不慌呢？這些日子以來，我走了兩次困難的內外在歷程。第二次尤其艱難，我得將之前兩週走過的歷程，壓縮成十八小時再走一次，而結局竟是那麼不同，我怎麼不慌呢？

崇建在接下來的談話讓我意識到，過去十八小時的兵荒馬亂，使我將悲傷壓抑在內在最底層，出不來。經由他的提醒，我重新與悲傷連結、相處。

崇建也讓我意識到，「如實」是我身上珍貴的資源——就算我在內在覺察這條路走得很深了，我還是願意誠實面對自己，承認在父子關係這一塊，我是脆弱、困難的。

他先給我兩個「頭腦」的東西（他知道我能感受到「頭腦」與「心」的不同，因此刻意這樣說）：「如常」與「自由」。

我立刻覺察到內心對「如常」的抗拒——對於未來可能會不斷經驗這個歷程，我難以接受。但我能馬上將「自由」從頭腦轉入內在——我是自由的人，我能自由做任何選擇。

他再給我兩個「心」的東西：「停頓」與「感激」。

前者，是透過深呼吸，重新與自己連結。後者，是感激自己這陣子、這幾年的努力——如果母親過世、父親住院這些事早幾年發生，我早就撐不下去。因此，我很感激自己過去一年半以來的努力，願意走入更深的內在，修補父子關係。

談話最後，崇建問我，此刻有什麼感覺或想法嗎？我說，我可以感覺到自己慢下來了。他說，他也有感覺到。

慢下來之後，我意識到，我又能重新享受每一口呼吸。當我專注於呼吸，臨在、平靜，內在力量又回來了。

隔天，我到護理之家探望父親，他正在交誼廳與其他老人喝茶。見到陌生人群，我習慣性的卻步好一會兒。倒是父親，遙遙見到我，先對我微笑、招手，我才鼓起勇氣，走進他們之中。

護理之家已幫他洗了澡，刮了鬍子，刷了牙，看起來很有元氣。看到他安詳喝著茶，周遭滿是年紀與他相仿的人，我心中升起一些感動與激動，眼淚又要下來。

原以為父親此後每個日子，都會過得跟這天一樣安詳喜悅，幾天後才發現，他愈住愈不開心，原因是我當初不了解護理之家與養護中心的差別。簡單來說，護理之家是照護患有重大疾病和慢性病無法自理生活的人，基本上是安置躺臥床上或坐輪椅的人；養護中心的範圍更大些，除了輪椅族，也收容行動自如的人。父親只是暫時不能走路，還不到躺臥在床的程度，我將他送錯地方了。

我的疏忽，不只讓父親住得不開心，也帶給護理之家管理上的困擾，頻頻向我抱怨。他們的住民都是安安靜靜躺在床上，或者安安分分坐在輪椅上，唯有父親一直想起身走動，讓他們很傷腦筋。

與妹妹討論之後，我們帶父親去參觀一家空間寬敞、環境優美的養護中心，幾經交涉，預定下個星期一入住。

剛做完決定，我便猛然想到：「怎麼又是星期一？」前兩個星期一對我而言都是「黑色星期一」，一次是父親倒臥家中，一次是他剛出院又住院，這兩次都讓我措手不及、身心俱疲，還因此暫停隔天在大學裡的兼課。接下來是第三個星期一，該不會又是「黑色星期一」吧？

我的內在又慌了。為此，我設想各種可能發生的意外狀況，包括：護理之家會不同意父親離開嗎？就算同意，會不願退費嗎？我很天才的擬出一套「策略」：當天由我出面與護理之家的院長周旋，如果她稍有刁難，我也聯絡好律師前來處理。而在我出面的同時，妹妹逕自上樓，打包父親行李，將他接下樓。如此計畫，就是希望能萬無一失，確保父親順利離開護理之家，入住養護中心。

來到我很害怕的「黑色星期一」，事情的發展和我想像的完全不同，院方並未刁難，我很順利為父親辦妥離院手續，也取回預繳費用，正好整以暇等待妹妹接父親下樓。突然，我的手機響了，是妹妹打來的，意外發生了，以我萬萬沒想到的方式發生了——父親發了高燒。

按照規定，發燒者不能入住長照機構。這下糟了，不僅無法去養護中心，護理之家也回不去，我們陷入「前不巴村，後不著店」的困境。我和妹妹只好將父親送到醫院，折騰一下午，燒仍未退，該如何是好？幸好，妹妹那兩天放假，她同意讓父親暫住她家，由她與妹夫一同照顧。隔天是星期二，我總算不必再請假停課了。

那晚回到家，除了疲憊，我發現內在積累的憤怒逐漸湧上，那是對父親的憤怒——我氣他老是壞了我的計畫，我氣他差點又讓我上不了課，我氣他在不該發燒的時候發燒……

在理性上，我知道這些憤怒都沒必要，但此時最需要的不是理性，而是誠實面對憤怒。這股憤怒太強烈，我只能採用奧修的方式來處理，讓憤怒一波又一波宣洩而出。我發現，我不僅對父親憤怒，也對事情無法在我掌握之中感到憤怒——我這麼努力，為什麼結果還是這樣呢？

處理完憤怒，在憤怒底下的沉重無力感跑上來了，我靜靜接納無力感，與它相處，逐漸恢復平靜。

接著，我意識到自己總是將父親的事一肩扛下，讓自己別無選擇，退無可退。明明妹妹可以幫忙，也願意幫忙，我卻一直強迫自己主導每件事的走向，或許，我可以選擇放下與信任。我寫了一封信給妹妹，除了感謝她，也告訴她我此刻的感受，並且建議：父親的事，她來主導，我來配合，事情或許會順暢些。

隔天一早，父親的燒退了，精神也不錯，在妹妹主導下，順利住進養護中心。

得到這些消息時，我正在清華圖書館閱讀奧修，突然有所體會——會有連續三次的「黑色星期一」，或許是因為我在抗拒，我想控制，我不允許生命之流以它自己的方式流動，我也不相信生命會對我和父親做最好的安排。我想以一己之力，控制生命之流的走向，只准它這樣流，不准它那樣流。

我好驚訝自己在面對其他事情時，大多都能記得托勒說的「隨順生命之流」，也能記得奧修說的「只要漂浮，不需要游泳」，信任生命，讓它帶我去它想要我去的地方。唯獨在父親的事上，我卻一心想要控制生命之流。而顯然，我愈是控制，事情的發展愈是失控。

我想起寫給妹妹信裡的那句話：「你來主導，我來配合。」原來，這就是答案。「你」不僅指我妹妹，也指生命。我可以信任生命，讓它來主導父親的事，我只需要順應、配合，或者自由的做出選擇即可。我可以輕鬆活著，不需要那麼累。

這天夜裡，撥電話給崇建，我們聊到各自的父親，他談到他的體會：當你愈希望事情趕快結束，事情愈是沒完沒了。而當你打從心裡接納這件事會沒完沒了，能允許它「如常」發生，很奇怪，事情往往就結束了。

然而，我們的頭腦往往會錯過重點，它會盤算著：「原來只要接納，就能讓事情結束，那麼我趕緊接納吧！」這樣的接納是虛假的接納、頭腦的接納。真正的接納是打從心裡，沒有其他目的，因為接納本身就是目的，而非手段。

所以，重點真的不是「事情結束了」，而是「真心接納」、「隨順生命之流」。

崇建說的，大概就是所謂的「宇宙法則」吧？這番道理，我未嘗不懂，但平日只是停留在頭腦中的「懂」，尚未能打從心裡真懂。崇建提醒我，我父親每逢星期一必有突發狀況很可能會「如常」發生：「如果這種情形持續半年，你能接受嗎？」

我一時自然不能接受，但因為有他的提醒，我至少有心理準備，在第四個星期一到來前，我每天都問自己這個問題：「如果父親下星期一又發生我意想不到的事，我能接納嗎？」

幾天下來，我感覺比較可以接納「如常」——就算父親又「如常」於下星期一發生意外狀況，我也能「如常」面對與處理，並且「如常」過日子。雖然還未能百分之百接納，至少不再那麼抗拒。

而後，來到第四個星期一（我過去幾週最害怕的星期一），我如常吃三餐，如常睡午覺，也到郵局寄了兩件掛號郵件……，一天就這樣過去，什麼事也沒發生。果真如崇建所言，事情就這麼結束，「黑色星期一」也結束了。

當初為了父親返家而買的助行器，則一直留在家中，等待父親歸來。等了六年，等到的是父親無病無痛，再也不需要助行器。

它的任務結束了，父親的任務也結束了。而我，也在這個過程中，一次次學到的「如常」與「接納」。

# 接納痛苦與無力

二〇一七年元旦早晨，天青日朗，救護車卻在附近響著，最後，在我家斜對面停下來。

我住的那個社區，老人偏多，幾乎每個月都有救護車進出。被送走的人，有些過陣子就回來，有些從此留在或許更適合他們的地方。時間久了，耳朵慣了，社區的住戶只要一聽到鳴笛聲，待在樓下的人便出門觀望；待在樓上的人或走到陽台或開窗瞻視，每個人心裡大約都想著：「這次是誰呢？」

這次，是住在斜對面的老太太。

老太太年逾八十，幾年前還能自由

行走。自前一年起，鐵衣在身，開始要人攙扶，每天一早都會有輛計程車停在她家門口，等著載她去醫院復健。天氣暖和時，她便舒服的坐在自家門口，身子緊貼椅背，兩臂輕按扶手，雙眼睜得大大的，看著車來人往。但大多時候，她似乎都在打盹。

每當我出門或回家，常不經意往她家門口望去。有時她醒著，有時她睡著，有時看護正餵她吃東西，有時只剩一張空椅。有時，什麼也沒有。

老太太常讓我想起住在養護中心的父親，兩人是如此鮮明的對比：同樣是年紀大了、行動不便、生活難以自理，老太太留在溫暖而自由的家中，父親去了安全卻冰冷的長照機構——儘管那裡有陽光，有形形色色的人，有寬敞的大廳與庭院，有不錯的飲食與醫療，但對於個性內向、孤僻的父親而言，那裡是冰冷的，不是他的家。

留在家裡？住在長照機構？或者其他？這始終是個艱難的選擇題，永遠難有標準答案。

住在養護中心那六年，父親一直想搬回家住。照理說，他是當事人，應該有選擇的自由，然而，決定他住哪裡，卻是我與小姑姑、大叔叔和妹妹等人共同的選擇，我們不僅剝奪他的選擇權，我們的決定也違反他的意願。這樣好嗎？對嗎？那六年間，我心中一直掙扎著，哪怕在他走後多時，我也不確定，如果可以重來，我的做法是否會有不同？

回家，肯定讓他更自在；住在養護中心裡，則讓他安全無虞。這始終是個兩難的習題。

回想他在家中倒下的那個黑色星期一，如果我當天不在家，他會在冰冷的地板上昏迷多久？會不會危及性命？皆不可知。

對比日後住在養護中心期間，他曾跌倒數次，有時在白天，剛跌倒，立刻有五、六個人過來攙扶；有時在半夜，跌倒後不過數分鐘，即有人趕來幫忙。這幾次跌倒，皆僅輕微擦傷，是不幸中之大幸。有次較嚴重，大腿骨因此斷裂，但因及時發現，經送醫、休養、復健一年後，勉強又能重新走路，若發生在家中，未必能有如此好運。

如何選擇？誰來選擇？我至今沒有答案。

住進養護中心之初的幾個月，每次去看父親，他都會問我：「我什麼時候可以回家？」

「只要小姑姑、大叔叔和妹妹同意，你就能回家了。」這幾乎是我當年的固定答案，心中雖有不捨與無奈，但也只能這樣答覆他。

「他們一定不會答應的。」父親輕嘆一口氣。

是的，不僅不會答應，小姑姑還會當面「教訓」他，我常常戲稱她為「媽祖婆」。

父親與小姑姑的關係很特別，兩人名為兄妹，在許多方面，反倒像是姊弟。有次，小姑姑安排父親與大姑姑見面，大姑姑當時剛大病一場，形銷骨立，加上乏人照顧，早已換了模樣，姊弟兩人再次相逢，不僅恍如隔世，更判若兩人。小姑姑在旁見了我父親的眼淚，厲聲喝道：「看到沒？這就是住在家裡的後果！你還想搬回家住嗎？」父親聽了，唯唯而已，哪敢辯駁？只好將回家住的事按下不表。

漸漸的，父親明確表達回家意願的次數變少，除了因為家人反對，有件事也多少動搖他的決心。

那次，我陪他請假離開養護中心，搭計程車到市區配眼鏡。大叔叔家正好就在附近，他們兄弟很久沒見，父親想順道去看看。騎樓地面高低不平，原本就已步履蹣跚的父親，走起路來更艱難，我得小心攙扶著他，一段三分鐘的路，他竟走了整整半小時。

對此，他感到很挫折，此後好一陣子，絕口不提搬回家住的事，因為他希望能自理生活，不想給家人帶來不便，而這個期待顯然落空。但他的內心深處始終渴望回家，我發現他逐漸改用較為迂迴的方式，探詢搬回家住的各種可能。

有時，他會一見面就拐彎抹角問我：「你一個人住在家裡，感覺怎麼樣？」我一時弄不清楚他想說什麼，只好如實回答：「很安靜。」聊了好一會兒，他才緩緩道出真正的意圖：「我想回家，你看怎麼樣？」

有時，他會先和我聊一些別的事，再停頓下來，思索一會兒，小心翼翼聲明：「有一件事，你先不要說好，也不要說不好，你先聽聽看。」接著，他才說，他希望過陣子能搬回家住。

我聽了，心裡忍不住笑了——這哪是希望我「先不要說好，也不要說不好」呢？要是我當下說「好」，他一定高興萬分，但是因擔心我會拒絕，只好釋放雙重訊息——「你先不要說好，也不要說不好」。他真正想說的其實是「你先不要說不好」、「你先別拒絕」。

更有意思的是，等我聽完後，既未說好，也未說不好，只是沉默不語，他又開口：「這件事，你看怎麼樣？」他不是才叫我不要立刻回答嗎？怎麼又要我立刻回答呢？這又是另一次的雙重訊息。

在這些雙重訊息的背後，反映的是他對回家的心心念念。

另有一次，他顯而有備而來，為了不讓親友擔心，在重提想搬回家住的意願之前，他已打聽好幾種居家照顧的資源。

面對父親這類迂迴而出其不意的表達方式，我無從預料，只能先安頓內在，儘可能一致性的回應。

有天早上，養護中心打來電話，說父親想找我說話。這麼迫切的情形從來沒發生過，我猜想他心裡有重大的事，遂請養護中心轉告父親，我下午會去看他。

掛了電話後，我先整理內在，再思索與父親對話時，可以有哪些脈絡？平日去看他，不必這麼費工夫，只需臨在，便能發展出高品質的對話。但這次感覺很不同，我得先在心裡做些準備。

抵達養護中心時，陽光正豔，父親剛睡醒，躺在床上。我走上前，彎腰低首，只聽見他說了四個字：「心情很壞。」

我笑說：「起來吧，我們到外面，找個安靜的地方，我聽你說。」這家養護中心的好處是地方寬敞，想找個地方談心事，不怕隔牆有耳。

父親推著輪椅，我陪著他緩慢走到戶外，被午後的炙陽灑了滿身金粉的我們，來到一整排綿密的樹蔭下，兩人並肩坐著。

我問他，發生什麼事？他鎖起眉頭，娓娓道來，原來是跟其他老人相處時受到委屈。在我看來是小事一件，對他而言卻是天大的事，畢竟住在這裡的是他，不是我。我遂先從感受的層次與他對話，引導他說出委屈、生氣、孤單等感受，我則用接納回應他。

「我想搬回去住，你看怎麼樣？」父親遲疑一會兒，提出他的期待。

我簡單、明確回答他必須住在這裡的原因。但在回答之前，我先有一段停頓和同理，大約停頓一分鐘，我讓自己更臨在，感受周遭微涼的風在我們父子之間流動。至於同理，我是這樣說的：「如果我老了之後也住在這裡，一定也會想回家住，畢竟這裡不自由，不像住在家裡舒服。」

他的期待落空，自然高興不起來。「那你覺得，我該怎麼辦？」

我再次停頓了一會兒。「我不知道。」我是真的不知道。

我側過頭看著他，他的眉頭鎖得更緊了。我可以感受到他的痛苦，但痛苦是他的人生功課，不是我的。我的人生功課是：當親近的人如此痛苦，我可以如何自處呢？

這次，我做得還不錯——接納。

接納他的痛苦，也接納我自己的無能為力。此刻，我的內在只有平靜，沒有痛苦；我的外在只有陪伴，沒有任何行動。

就這樣，我們靜靜坐了好一陣子，我感覺到涼風迎面撲來，不知他是否有感覺到？

「你以前還在工作時，一定也會遇過不好相處的同事和客戶吧？你都是怎麼面對的？你是怎麼走過來的？」我很好奇他會有哪些內在資源？他能活到七十多歲，一定是有豐富資源的。

久久無語後，父親說出一個提議：向護理長反映他遇到的困難，也表達他的期待。他進一步問我，可不可以幫他這個忙？這對我來說並不難，便答應他了，倒是驚訝於他這麼快就想到辦法，人的內在資源果真不能小覷。

父親的內在資源是他的人生閱歷。他雖是內向、孤僻的人，但在電信局擔任技術士數十年，迫使他必須面對形形色色的人，那些經驗如今反過來幫了他自己的忙。如果我直接提供方法給他，不僅可能不適合他，還可能愈幫愈忙。

送父親回房間，臨走前，他忽然說：「你知道怎麼走出去嗎？不會迷路吧？」我一時沒聽明白，隨即會意過來，他是在開我玩笑。之前我來，常開他玩笑：「你住這裡，不會迷路吧？」沒想到他也將我一軍，「心情很壞」的人，是無法開人玩笑的。

這天，我能接住父親想回家的情緒，卻不意味著我每次都能接住，而且我也無法時時刻刻待在他身邊。他在養護中心住了六年，內心深處始終希望能回家，我看在眼裡，有時，也不免動搖。

有一次，我去看他，他正積極復健雙腿，每天早上都在看護陪伴下，在養護中心四周扶著輪椅，走上幾趟。那次談話，他又提出同樣的願望：「等到這雙腿比較能走路，我就搬回家去，跟你一起住。」

我聽了，心裡一動，輕拍他的腿：「那你要好好繼續練習走路啊！」他聽了，也拍拍自己的雙腿，嘆一聲：「這是一條很漫長的路呀……」的確很漫長，很不容易。忽然間，我想起電影《異域》的片尾曲〈家，太遠了〉，對許多不想住長照機構的老人而言，那裡不正是「異域」嗎？部分歌詞，實在太切合父親的心境了：

「家，太遠了，難道只是因為時間，因為距離……」

面對父母的歸家之思，該如何自處？這是許多為人子女者都會遇到的人生功課，每個人的做法容有不同，並無標準答案。對我而言，無論父親最後能否搬回家住，我都會陪著他。

我不一定能滿足他想回家的期待，但可以連結他對愛的渴望——在他還在世的最後幾年，我儘可能去看他，更多傾聽與對話，並且在每次離開前，給他一個大擁抱。

這些，都是我能做的。

如果不是學習、熟悉薩提爾模式與托勒，我大概會長年困在各種未經檢驗、疏通的感受、觀點與期待裡，也無法連結渴望，到老都走不出來。每思及此，唯有感恩。

# 打開感官，全然臨在

父親住進養護中心之初，有了許多笑容，小姑姑感慨的說，自從我母親過世之後，她沒見過我父親有如此燦爛的笑容。

他的身體也復原得很快：一週前，還坐在輪椅上，一週後，已能自己推著輪椅走路；原本還需別人餵食，現在已能自行進食。

住在家裡時的種種缺點，到那裡都變成優點——固執轉化為堅持，強制轉化為積極。憂鬱和孤單也沒了，臉上多了祥和與自在。

我們父子在相處上有太多困難，儘管母親離開後已改善許多，但同住一個屋簷下，常會在解決舊問題的同時，不斷增加新問題；相處的時間愈密集，愈沒時間處理積累的情緒。如今，我們之間有了明顯的距離，不僅是空間上的——我去一趟得騎車半小時；更有時間上的——每週我只能去一次。這樣的距離，縮短我們心的距離，我會想念他，他也會想念我，在增進父子關係上，會變得容易些。

每次見面的那一小時裡，我謹記崇建教導：打開感官，全然臨在。由於見面時間不長，我可以在騎車前往探視的途中，有意識的將平靜導入內在，讓自己在與他互動時是警醒、臨在且專注。我不再用過去的慣性回應他，我們只是對話，有品質的對話。不說話時，我們靜靜坐著，聽著隱隱的雷聲，看著翩翩的紫斑蝶，感受著徐徐春風。

一個小時到了，我便帶著對他的思念，離開。

托勒說，要將每次與父母短暫相處的時間當成「靈性練習」，這會是「臨在領域的博士學位」。我很希望能拿到這個學位。

這天下午，我去看父親。天冷，微雨，騎著二十年的老爺車在蜿蜒的山路中繞著，很難想像，自己會這麼期待去看他。

到了養護中心，朝人多的地方——電視機前——走去，老人都長得很像，坐在輪椅上時，尤其難辨甲乙。不見父親的蹤影，我逕往他的房間，也空無一人。他會在哪裡呢？

我又回到大廳，再往人多的地方尋覓一次，確定沒有遺漏，再往人少的地方望去，卻見他背著人群，獨自待在陰暗的角落。

「真是個孤僻的人呀！」我笑了一聲：「早該料到他會在那裡，誰叫我跟他那麼像呢？」

我繞到他身前，他臉上的表情是沉靜的，一看到我，便有了變化，想站起來。我揮揮手，示意他坐著。我拉了一張椅子過去，挨在他的輪椅旁，開口前，先看了一眼手機，告訴自己，接下來的一小時，我要打開感官，全然臨在。

天冷，微雨，我們就不出去溜躂，只待在陰暗的角落說話，安靜有味。

我問他，昨晚睡得好嗎？早餐吃什麼？午餐呢？他們有按時拿藥給你吃吧？你在這裡會無聊嗎？有沒有找人說說話？我在大門那邊填表，看到妹妹昨天有來，小姑姑前天有來，你還記得嗎？他們都跟你說些什麼？你穿這樣會冷嗎？你看，我們的手一樣冰，你想多穿一件衣服嗎？一個星期沒看到你走路了，能不能走給我看看？

他立刻站起來，轉到輪椅後面，推著輪椅前行，俐落的身手讓我有些驚訝。我本來有些擔心，想扶著他，轉念過後，決定放下擔心，靜靜陪他繞了一圈。

過了一會兒，我們又回到那個陰暗的角落，坐下。我告訴他，我最近為人生安排一個重大的新計畫。他興味盎然聽著、笑著，不時點點頭，偶爾也打斷我，提出他的疑惑與想法。

一個小時很快過去，我一本初衷，見好就收，沒有任何眷戀。我們父子倆已多少年不曾有過如此美好的對話品質了？我得細心呵護，小心輕放。沒有依依不捨，我騎著老爺車，沿著蜿蜒的山路離開。

另有一次，我到養護中心看他，上了二樓，往僻靜的地方望去，不見父親的身影，正疑惑時，護理人員輕聲喚道：「在後面。」我轉身一看，平日孤僻的他，今天卻置身人群中，不過也還孤僻著，正低頭打瞌睡呢！

我走過去，拍拍他手背，沒反應，再拍一次，寂然不動。如果是以前在家中，我一定會感到害怕，此刻只覺得好玩，輕拍他的肩膀，這才醒過來，抬頭看了一眼，意會是我，想站起來，我按住他：「坐著吧，我推你出去，我們聊聊。」

我推著輪椅，來到二樓露台，露台上只有我們兩人，兩人相倚而坐，天空有一朵好大好亮的白雲。

「最近去配眼鏡了？」我明知故問。

他點點頭。

「近視的還是老花的？」

「老花的。」他想了一會兒。

老花的？可是妹妹告訴我是近視的呀，是她帶他去的。

「你配老花眼鏡，想看什麼？」我問。

「看稀奇的東西。」父親回答。

「你想看什麼稀奇的東西呢？」我被他的答案逗樂了，忍不住睜大眼睛追問。

「看不清楚的東西都很稀奇啊！」

我停頓一會兒，細細咀嚼這句話。

父親的記憶力已大不如前，以前我無法接受這個事實，但如今知道，這是不可逆的過程，有一天，他甚至也會不認得我吧！既然如此，與其去「糾正」他記錯的人事物，不如好好享受每一個相處的片刻。

於是，我們聊到早餐吃什麼，聊到露台上養育雛鳥時會「攻擊」他的燕子，聊到我最近去演講、上課遇到的趣事，聊到小姑姑家那片果園。

有時，他的思緒無可避免會突然跳開：「這間（養護中心）做得很大，總共三間，有一間在半張。」

半張是地名，在豐勢路上。

「那另外一間呢？」我帶著好奇，順著他的思路，一塊兒談論那兩處不存在的養護中心。

「在山下。」

「那兩間你去過嗎？」

他搖搖頭。過了一會兒，他說：「半張那間很大。」

聽到這裡，我不禁想逗他玩：「你不是說你沒去過嗎？怎麼會知道那裡很大呢？」

「對喔！」他忍不住笑了。過了半晌，又來了：「半張那間很乾淨。」

我笑了笑。「那這裡乾淨嗎？」

「乾淨。」

「你的房間乾淨嗎？」我問。

「也乾淨。」

至少我知道，他對這裡是滿意的。

「你知道嗎？今天是融融生日。」融融是我外甥，我表妹的兒子。

「融融啊……」他陷入沉思中，我猜想，他也許忘記融融了。「融融啊，應該念國中了吧？」他喃喃自語。他還記得。

「念大學了。」

他陡然一驚，轉頭看著我：「這麼快？」

「是啊，很快吧！當初還是個小嬰兒，現在二十歲了。小我二十三歲。」

「另外一個……叫什麼的？」他又陷入沉思中。

「你是說柚子嗎？」柚子也是我外甥，我妹妹的兒子，他的孫子。

「對，就是他。他多大了？」

「要升小三。」

他嘆了口氣：「好奇怪，我現在只想得起來融融的樣子，想不起那個……誰……柚子……唉……」

「融融在我們家住那麼多年，他還是個小嬰兒時，每天早上到我們家，晚上才回去，你看著他長大，當然會記得。」

他點點頭，微笑著，又陷入旁人難以理解的回憶。

我將視線從他臉上移開，望著天上的白雲。山上的天空果然格外純淨與靜謐，白雲又大又亮，彷彿伸手可觸。

「你看，白雲在動……」我指著那朵白雲。

經我這麼一說，父親從回憶中走出來，回到當下，專注望著那朵白雲，久久方道：「它走得很慢。」

「是啊，非常慢。」

我們父子靜靜坐在露台上，望著白雲緩緩而行，得全神貫注，才能察覺到它在移動。

有一股暖流在我胸口、手臂流動，我知道，那是連結，那是臨在，那是幸福，那是愛。

獨自下山，再望了一眼天空，還是剛剛那片天空，可是白雲沒那麼好看了。方才在山上見到的，也許會是這輩子見過最美的。

# 讓對話延續

二〇一八年四月，我去參加一場特別的「戶外音樂會」，那是專程為父親演奏的。

當時，父親入住養護中心已兩年，有一次，他累積多時的情緒突然爆發，抱怨說，除了我之外，其他人都很少去看他，他感覺自己「被放逐了」。

當下，我只是靜靜聆聽，沒有太多回應。

離開養護中心後，我思索著：在我的意願與能力範圍內，能做些什麼呢？

從父親的話語中，我聽見憤怒與孤單。然而，我不打算為他的憤怒與孤單負責，那是他的情緒，不是我的。我很願意在渴望裡與他連結，但我無法，也無意滿足他的所有期待，畢竟其他人是否去看他，那是他們的自由，我無從干涉與勉強。

不過，我能將父親的抱怨傳達給他們。那是我唯一能做的，也是我唯一想做的。

於是，我撥電話給小姑姑，她與其他親戚的往來最密切。

接下來一段時間，親戚們開始輪流去探視父親，次數之頻繁，頗令我驚異，而那些都是小姑姑的點子，她甚至還拉了我大姑姑前去。大姑姑也生病好一陣子，姊弟倆在輪椅上重逢，自然感觸良多，小姑姑甚至在一旁慫恿兩人牽手，那是很動人的畫面。

這場戶外音樂會，也是小姑姑的點子。她與我的兩位堂姐都在這個國樂團多年，小姑姑拉的是二胡，她們的樂團曾到父親住的養護中心演奏，但那時面對的是全院老人。這天則不然，國樂團只專程為父親演奏，地點選在院外的樹蔭下，樂團共九人，聽眾除了父親，還有幾位親戚，我也作陪。

演奏的曲子皆是投父親之所好，以〈快樂的出帆〉開始，接著是〈滿山春色〉、〈思慕的人〉、〈望春風〉、〈南都夜曲〉……，不僅是父親熟悉的，我也熟悉，我自小聽著這些閩南語老歌長大。

我是幸運的，就算曾與父親冷戰十八年，但在冷戰之前，我們曾有許多連結，包括我種種被他疼愛的記憶，也包括閩南語老歌，這些都成了日後我能與他和解的重要資源。當然，除了幸運，我也努力學習並落實各種和解的方式，才能一步步走向和解。

我的父母都喜歡聽老歌，父親獨鐘閩南語老歌，母親則是國語、閩南語都聽，我自小也跟著聽了不少，這是一種家庭文化的薰陶。童年是最容易接受薰陶的時期，此時的我們，一切資源都來自父母，選擇極其有限，要是父母對京劇、歌劇情有獨鍾，我們往往也會在耳濡目染中熟悉起來。因為無從選擇，只能一聽再聽，一看再看，這就是薰陶，從此成為母語、血液，成為我們生命中不可或缺的一部分。

我對閩南歌老歌的熟悉也是這麼來的。

小時候，沒有自己的房間，家中又規定要早睡，就寢之前，父親往往會打開專播閩南語老歌的廣播電台，「強迫」正要入睡的我和妹妹收聽。久之，老歌不僅成為我童年的記憶，甚至深植在成長經驗中。

在我留下的年少日記裡，曾於一九九〇年十二月十七日記載著：「聽父母所買的閩南語老歌。」那時我高二。大學時到KTV唱歌，班上同學對我唱的歌常感不解──那不是我們那個年代的歌呀！

什麼叫做「我們那個年代」？無非是青春少年時。那時喜歡的歌，通常一輩子都喜歡，都難忘。我也唱我那個年代的歌，像是羅大佑、張學友、王傑等，只是多了父母親他們那個年代的歌，這讓我與他們有更多連結。

戶外音樂會演奏到中途，〈望春風〉的前奏剛下，我的眼眶就濕了，悲傷來了。

「獨夜無伴守燈下，春風對面吹……」

母親過世後，父親不再聽歌，歌裡有太多他們夫妻的回憶，再聽只會增添悲傷，而他無法面對悲傷。在此之前，唯一的一次，是二〇一六年二月十日，大年初三，母親過世一年半後，他居然主動打開家裡的點歌機，聽起老歌，我當時頗覺稀罕，特地記下這個日期。此後再聽老歌，已是兩年後的這場音樂會。

〈望春風〉之後，演奏的是〈南都夜曲〉，也是我很喜歡的老歌，聽了也格外有感。父親倒是殺風景，幾番附耳，要我提醒養護中心記得給他留午飯。

由於是連假，來探望自家親屬的人潮不少，受到樂聲的吸引，他們也過來圍觀，聽眾愈聚愈多，他們開始打聽這是怎麼回事。我感覺坐在一旁的父親精神抖擻，倍感驕傲，因為這可是專程為他而辦的音樂會。

我不禁感嘆，從頭到尾，我做的只是撥了那通給小姑姑的電話，並沒有將全部責任都扛在自己肩上，我很欣賞自己能有這樣的成長。

當我夠愛自己，內在夠寧靜、自由，內在力量夠強大，且能分辨「期待」與「渴望」的不同，便能做出最合適的選擇，並為自己的選擇負責。

可以這樣自在、愜意活著，多好！這是四十歲前，我從未想過的人生！

音樂會結束後，小姑姑、兩位堂姐及其他團員紛紛過來向父親致意。父親的其他期待是注定要落空的，但在此時此刻，他的所有渴望都被滿足。

我陪著父親慢慢走回養護中心，中午還沒開飯呢！這天午飯最後吃了什麼，他可能不久後就忘記，而午飯前這場他個人專屬的音樂會，他應該會久久難以忘懷，而我更是至今不忘。

聽老歌既是父親以前的樂趣，如果能重拾這份愛好，又不會觸景傷情，他在養護中心會住得更開心吧？音樂會後，我仔細思索這種可能。

徵得父親的同意，過陣子再去探望他時，我帶著平板電腦，在養護中心找了一處空曠無人的地方，問父親想聽什麼歌？或許他已太久沒有經常聽歌了，一時竟然全無頭緒，只說我播什麼，他就聽什麼。

我從小聽老歌長大，他和母親常聽的歌，我也都熟悉且喜歡。一開始，我播的是文夏〈港邊惜別〉、〈漂浪之女〉和〈戀歌〉，父親聽了，手腳開始打節拍，跟著唱了起來，我也一塊唱。我很驚訝多年沒聽，他都還記得旋律與歌詞。

更讓我意外的是，洪一峰的歌他似乎特別熟稔，像是〈悲情的城市〉、〈可憐戀花再會吧〉等，前奏剛下，他便立刻能說出歌名。他還說，文夏〈黃昏的故鄉〉是他最喜歡的。我呢，最喜歡的是〈溫泉鄉的吉他〉。

我們足足聽了一個多小時的老歌，他不再沒有頭緒，特別指明要聽陳芬蘭〈快樂的出帆〉，做為我們那天相聚的結束。

「今日是快樂的出帆期，無限的海洋也歡喜出帆的日子……」

正巧，我過幾天要出國呢，快樂的出帆，真好的祝福。

就這樣，此後每次去看父親，我都會帶著平板電腦，與他一起聽著他喜歡的老歌。

有一次，我們一邊聽歌，一邊閒談，他偶然提及最喜歡的歌手是文夏。

我心頭一動：「他為何會喜歡閩南語老歌呢？為何會喜歡文夏呢？」對此，我以往竟然全無好奇，不如藉此來個簡單對話吧！

「爸，你是什麼時候開始聽文夏的？」

「年輕時。」

果然是青春少年時呀！只是，父親的回答總是短短幾字，而且語焉不詳，與他對話，我得很多耐心，很多好奇，很多封閉式問句。

「是已經出來工作了？還是還在家中做山的時候？」

「還在家中做山。」

「所以，是十幾歲的時候？」

父親點點頭，連短句都省了。

「爺爺那時還在嗎？」我記得他的爸爸是在他十七歲時過世的。

「還在。」

果然是青春少年時呀！

「但是，爸，你當時怎麼有辦法聽到文夏呢？」

「你三伯出去工作，賺到一些錢，買了一台收音機回家。」

咦，然後呢？

看來，我得繼續有很多耐心，很多好奇，以及很多封閉式問句。

「當時，你比較常在什麼時候聽？白天？晚上？」

「白天。」

「白天的時候，收音機開得很大聲，一邊做山，一邊聽歌，是嗎？」

父親點頭。

「除了聽文夏，你當時還聽誰的？」

「郭金發、吳晉淮、鄭日清、洪一峰……」

「這些都是男歌手，也有女的嗎？」

「張淑美。」

這樣的對話，看似簡單，其實並不簡單，我日後很能和小孩、長輩對話，看來是得力於父親的「訓練」，因為許多小孩、長輩的回答也大率類此，我若沒有更多耐心，更多好奇，更多封閉式問句，就很難對話下去。

那場音樂會過後四年，父親走了，在籌備告別式時，我希望一切從簡，只請禮儀公司在典禮之初與結束之時各播幾次〈黃昏的故鄉〉，那是父親最喜歡的歌，而原唱者文夏是父親最喜歡的歌手。

「叫著我，叫著我，黃昏的故鄉不時地叫我……」

很巧的是，在父親走後幾天，文夏也走了。在告別式上聽著這首歌，同時緬懷著兩人，對我而言別具意義。

以往，這些老歌只是夾雜著我對童年、父親的情感，聽到那些旋律，父親的形象、童年的回憶便躍然眼前。而今後，這些老歌對我多了兩層意義，一層是在走過那些蜿蜒曲折的道路後，我們父子和解了，另一層則是在養護中心陪伴父親老去的點滴，將成為我生命中重要的一頁。

今後，只要思念父親，想與父親連結，我就哼個幾句老歌吧！

# 學習一致性表達

父親生病住院了，我連續幾天去看他，他常語無倫次，我當時還不知道那是「譫妄」，很是憂慮，打電話給崇建，他問我：「除了憂慮，你會期待去看爸爸嗎？看到他，你有高興嗎？」

「我很期待看到他，也非常高興看到他。」

「不妨將這些話告訴他。」

當時，我學習薩提爾模式已有數年，知道這叫做「一致性表達」。但知道是一回事，願意表達、敢於表達，是另一回事。在我的原生家庭中，沒有人會這樣表達，我與父親又都是內向、木訥的人，要如此真誠一致表達，對我而言太難了。

但是我想改變，改善與父親的關係，我決定先在家對著鏡子，反覆練習數十次，留意自己的聲音與表情。

再去探望父親時，他的口中仍舊唸唸有詞，聽其內容，他的頭腦又將他帶回過去。我伸出雙手，碰觸他的臉頰、額頭與頭頂，也撫摸他的手。

這也是崇建教我的：透過身體的碰觸，讓父親能回到當下。但崇建也特別提醒我：要放下期待，不要以為這樣做，就能達成我的願望。

「爸，我來看你了，我很高興。你有高興嗎？」

果然，在我尷尬講完後，父親繼續講他的，似乎沒有聽到我說話。無妨，至少我表達了，已邁出最困難，也最重要的一步。至於他是否回應？如何回應？並不重要。

爾後幾天，只要去看他，我都會發自內心，表達我很高興看到他。

幾次過後，有一天，父親突然停下原先的唸唸有詞，雙眼凝視我：「有啊，我也很高興。」

儘管在一、兩分鐘過後，父親又陷入譫妄，但在那片刻，我清楚看見當下的力量與真誠一致的表達，我們彼此的心重新連結了。離開醫院後，我的淚水汨汨而落，那是感動的眼淚。

我原先單純的以為，父親生病住院期間，「應該」會比平日更需要我。經過這幾次的探視與碰觸，我才發現，我也很需要他。我們曾經錯過十八年，他是我失而復得的父親呀！這幾年，我的人生有太多不可思議的失而復得，連健康都能失而復得，連父親都能失而復得。夜闌更秉燭，相對如夢寐。

更奇妙的還在後頭。幾天過後，我再去醫院，父親居然先開口了：「阿仲，看到你來，我很高興，你有高興嗎？」

我太驚訝了，這不是我認識的父親呀！如果在講這些話之前，我需要先在家練習數十次，父親莫非也先在醫院練習過？這對木訥的父子，居然在一方開始改變後，另一方也隨之改變，可以開始真誠一致表達自己。此後我們可以愈來愈靠近，這是很重要的關鍵。

日後，我在許多演講場合分享這個小故事，曾有聽眾問我，她也想向婆婆表達，但她很討厭婆婆，講不出這樣的話來，怎麼辦？我笑說：「那就不要勉強自己表達呀！這是發自內心的表達，不是話術或技巧。」

正因為真誠一致是表達的關鍵，所以具有強大的威力。有位聽眾曾激動握著我的手，分享她的故事。

幾個月前，她聽了我的分享，很震撼，當時她和爸爸已十多年未聯絡。一陣子過後，她突然接到爸爸病危的消息，掙扎後決定去看他最後一面。見面時，爸爸已昏迷不醒，她尋思著要說什麼，突然想起我說過的故事，於是，她彎下腰來，附在父親耳際：「爸，我是你的女兒阿蘭，我來看你了，我很高興，你有高興嗎？」

說也奇怪，本該聽不見的父親，竟然從左右兩側的眼角流下淚水。那晚恰巧是中秋夜，她的父親嚥下最後一口氣，走了，但她卻感覺父女倆在心中團圓了。

我被這個故事深深感動，同時，也持續運用這種表達方法，滋養我與父親的關係。

一天早晨，冬陽甚熾，我推著輪椅，和父親在溫暖的陽光下散步了半小時。閒聊時，我考考他，還記得某某親戚有幾個孩子嗎？叫什麼名字呢？父親一臉茫然，大多都忘記了。有那麼一個片刻，我不僅感慨起來：「最常來看你的，應該就是我。」

「你工作那麼忙，不必常來看我啦！」父親揮揮手。

「我的工作是很忙沒錯，但我會想念你呀，想念你的時候，我就會想來看你。」

說完這段話，我心中也有感動，眼眶濕濕的。

許多長輩在表達時，常會散發「雙重訊息」：口頭上要你不必常探望他，心裡卻很希望你去。父親是否如此？我不知道。我未選擇回應他，而是選擇表達自己，我想讓他知道，我來看他，不是因為我「應該」來看他，不是因為來看他是我的責任或義務，而純粹只是我「想」來看他。

經常如此真誠一致的表達，父親的回應有時會出乎我意料。

「爸，看到你，我很開心。」

那次，我去探望父親，照例握住他的雙手，專注看著他的眼睛，問候他。沒想到他居然回應：「看到你來，我覺得很幸福。」

這是我第一次聽到父親說自己幸福。當晚，他便發燒住院。世事如此難料，我不知父親還能活多久，我唯一能做的，或許是在他還在世時，讓自己成為一個幸福的存在。雖然他會不快樂，身體會飽受病痛折磨，但只要看到我或想到我，他就能感受到幸福。

我的改變，父親有發現嗎？對我而言，這不重要，我的內在很富足，並不需要得到他的肯定，我從未問過他。倒是他曾主動告訴我：「你現在講話跟以前很不一樣。」

這句話我常聽老朋友說，卻是第一次聽父親說，我很好奇：「哪裡不一樣呢？」

父親仔細想了想：「說不上來。」

「你印象中，我以前怎麼說話？」

他仔細想了想，仍舊是：「說不上來。」

「我現在說話，跟以前有什麼不一樣嗎？」與寡言或不擅言詞的人對話，需要多一點耐心。

父親仔細想了想，總算有了答案：「你現在說話很客氣。」

我聽了大笑，真沒想到是「客氣」。

「客氣」一詞在不同地方會有不同意思，我又跟父親核對好一會兒，猜想他所謂「客氣」或許是指「溫柔」。

但無論是「客氣」或「溫柔」，都是這些年我改變自己內在的結果。內在和諧、平靜、喜悅了，外在自會改變，包括身體姿態、說話聲音等。我的所有改變都是為了自己，並不期待他人也要改變或發現，只是沒想到父親也有感覺到。

我永遠記得那天下午，父親一見到我來了，沒有表情的臉部立刻激動起來，先向我招呼，再緊握我的雙手，低語著：「你來啦，好久沒看到你。」我推他回房，人少好說話。

他要我多吃一點，這樣太瘦了，我說我吃得很健康，晚餐可吃上四碗飯呢！他問我工作，我說接下來連星期日都滿了。他問我整理後的花圃，我答應拍照給他看。

我也問他飲食、睡眠、走路等，小姑姑呢？大叔叔呢？妹妹呢？他們幾時來的？都說些什麼？有幫你買襪子嗎？需要我下次幫你帶些什麼來嗎？

父子倆絮絮叨叨聊著家常瑣事，太陽很快就偏西了，父親感到涼意，我起身關窗，再幫他套上背心，兩人還接著往下聊。

自始至終，他的臉上一直掛著笑容，兩眼炯炯看著我，說起話來輕鬆、有力而清楚。他還拍拍我的肩膀，稱許我「走了對的路」。我一頭霧水。原來他指的是我代替他去掃墓，去探望小姑姑、大叔叔等親戚。

陽光逐漸消逝，我得離開了。走了幾步，心頭一動，又折返到他面前，遲疑兩秒，不吐不快：「以前媽還在的時候，我們很少講話。現在可以這樣說話，我覺得，很好。」

他點頭笑著，握住我的手：「有空再來就好，工作和身體要緊。」

當我轉身離開，眼淚流了下來。

「悲喜交加」尚不足以表達我當時的感受，因為除了悲傷與喜悅，還有著遺憾、失落、欣慰……

我不禁想起月前一場工作坊裡的對話，當女子碰觸到自己對故去父親的情感，不禁淚流滿面，反覆呢喃著：「太遲了，太遲了……」

我也想起自己這幾年的努力與幸運，讓父子關係進展至此。母親生前時常悵惘著：「你和你爸什麼時候才要和好啊？」如今，我做到了，她能含笑九泉了。

# 深呼吸，回到當下

父親的人生最後六年，不是在養護中心，就是在醫院。我是長子，是父親的第一聯絡人，我特地為養護中心與醫院的來電設定專屬鈴聲，那是我不能漏接的鈴聲。

我曾在各種時候接過這個鈴聲的電話。電話的那端，從父親想交代我下次帶什麼東西給他，到醫護人員要我立刻去簽署放棄急救同意書，不一而足。最常見的，是養護中心打來徵詢，問我父親生病了，要送哪家醫院？

其中一些來電，我得立刻做出決定，並且馬上奔赴醫院，如果沒有在身心靈領域有所學習，並在每次挑戰到來時練習，我大概很難度過那些年，更別說有所成長。

**二〇一七年八月五日上午八點二十二分**

瑜伽課堂上，手機忽然響起，原來是我忘了切換靜音。來電號碼很陌生，會是誰呢？

下了課，在朋友的車上回撥，方知是父親透過養護中心找我。我很不高興，因為他影響到我上課。電話那頭，養護中心裡似乎在唱卡拉ＯＫ，我們都聽不清楚對方講話，父親大概聽到我說「我剛剛在上課」，他連答了兩聲「歹勢」，我們遂結束短暫對話。

我還是不清楚父親找我的目的，但我感覺到自己的內在很不舒服。在車上，我未和朋友聊天，而是回到自己的內在，檢視：此刻，我有什麼感覺與念頭呢？

我有些生氣，我氣父親「老是沒事打電話給我，影響到我上課」。

這個念頭一出現，我立刻意識到有哪裡不對勁。取出手機，查到一個月前，他亦以同一個號碼撥給我，那時我正在某協會上課。一個月才打來一次，這不能算「老是」吧？再者，他哪會知道我的上課時間呢？他並不是故意的，而一聽說我在上課，他也連忙道歉。況且，要不是他認為重要的事，他也不會隨意打來呀！

他「影響到我上課」，這的確是真的。但「他老是沒事打電話給我」，這是我生氣之下的過度解釋，並非事實。我被我的情緒控制、綁架了，因此誇大、扭曲父親的行為與動機。

一思及此，我便釋懷了，生氣亦消散泰半。

這件事亦提醒我，我的內在還不夠自由，如果夠自由，便能允許、接納父親也是自由的，他有撥電話給任何人的自由。關鍵是，我也是自由的嗎？如果我夠自由，便會讓自己有選擇，我可在父親打來電話時，自由的選擇接或不接、回或不回，並為自己的決定負責。關鍵在我，不在他。

自由如此美好，也如此不易，生活的種種挑戰，無疑都在考驗我：我想自由嗎？我夠自由嗎？我有讓自己有選擇嗎？我願意為自己的選擇負責嗎？

**二〇一八年四月二十八日下午五點三十七分**

在台中帶了兩天對話工作坊，結束後與朋友要去吃飯，在火車上，我查看手機，發現漏接養護中心下午撥來的三通電話，以及小姑姑的一通電話。這四通來電時間頗為接近，想來是極為緊急、重要的事。火車上人潮洶湧、聲音嘈雜，不便回電，我只能回到呼吸，讓自己專注當下。

下了火車，先撥給養護中心，電話忙線中；再撥給小姑姑，她提到父親的神智狀態時好時壞，希望我多去看他，但小姑姑所知的訊息是昨天的，她亦不知今天發生什麼事。可見那三通養護中心的電話，應與小姑姑打來的事無關。

結束通話後，朋友問：「你會擔心嗎？」

我檢視內在：「有一點。」

「那你還吃得下飯嗎？」

我聽了大笑：「當然吃得下！」

晚餐是蕎麥湯麵。吃完了，再與朋友聊了一會兒，各自回家。

**二〇一八年四月二十八日下午六點五十四分**

回家路上，內在還算安穩，到了家，撥電話給養護中心，始知下午我在工作時，父親發高燒。是否送醫院？院方想徵詢我的意見，因我未接電話，他們遂先請醫生開藥，讓父親退燒。如今燒退了，只是身體有些虛弱，已提早休息。我又問了一些細節，方才掛電話。

父親近日的事，顯然還未結束呢，一波未平，一波又起。以前每當這種情況發生，我向崇建求助，他常會送我一些金玉良言，但我總到下次便忘記。這次倒沒忘他曾提醒過我的：如常。

生命中有太多難以預料的事了，只能如常以對。

翻了翻行事曆，接下來一週的行程，工作甚少，抽個空去看看父親吧，帶著如常之心，去陪他說說話，如常接受生命的安排。

**二〇一八年七月二十九日晚上八點二十二分**

看托勒在史丹佛大學演講的影片，正看得入神，手機響了，是養護中心打來的。這時打來，一定是緊急的事，我先專注在呼吸上，讓自己回到當下，再接電話。

果然，父親發高燒，幸好血壓正常，暫不需送醫院，若一直未退燒，他們會再撥電話給我。

結束通話後，繼續看影片。此時，我想起阿迪亞香提在書中的提醒：「在靈性這條路上，要對自己非常真誠，不可有一絲一毫的閃躲與自欺。」

我遂先放下影片，去靜心二十分鐘，真誠面對自己的內在——那通電話，當真對我沒有衝擊嗎？

當然有衝擊。

我進入自己的感受裡，發現恐懼、焦慮、擔心、生氣，而生氣的背後是無能為力。比較意外的是，還有許多悲傷。我默默與悲傷等感受相處二十分鐘，並做了一會兒慈心禪，才結束靜心，並將影片看完。

這一夜，我決定不關手機，但是運用觀照念頭的靜心法門，關上我的頭腦，讓自己活在當下，不讓頭腦有胡思亂想的機會，因此仍舊很快睡著，一夜好眠。

而這一夜，手機未再響起。

**二〇一八年七月三十日上午六點一分**

要去台北參加工作坊，一大早的火車。六點到車站，撥電話到養護中心，他們說父親半夜已退燒。工作坊照樣參加，該做什麼，還做什麼。

這條路不好走呀！活在當下，真誠，靜心，冰山……，我慶幸一路上，有這些相伴。

**二〇一八年八月十七日下午五點四十七分**

出國前夕，在北部帶一整天的教師研習。結束後，與幾個朋友晚餐。飯間，發現手機裡有一通未接來電，是養護中心下午撥來的，我走到餐廳外回電，方知父親的身體狀況，可能要進入下一個階段。

生命又帶給我新的功課，回到餐桌上，跟朋友談及此事，他們瞬間沉重起來，一個朋友很可愛，竟在離開時向我道歉，因為她不知道能說些什麼來安慰我。

我的內在其實還好，父親生病住院這門功課，我認真做了兩年多，如今衝擊仍在，但已較過去少許多。

**二〇一八年八月十八日上午五點四分**

一早的飛機。昨晚借宿朋友家，回到呼吸後，很快入睡，一夜安穩，沒有受到傍晚那通電話的影響。

五點醒來，發現手機裡竟有一通養護中心半夜三點多撥來的電話，我沒接到，那一定很緊急，趕緊回撥詢問，原來父親發高燒，住院了。

偏偏在搭機前發生這樣的事，我照例先回到內在，再回應外在。靜心十分鐘，專注於內在感受上——相對於過去，我的內在這次很安穩。是真的這麼安穩呢？還是有些感受被我忽略或壓抑了？細細去感受，只有微微幾種情緒浮現，我的確較過往安穩許多。

內在安穩了，才有可能恰當回應外在。

靜心結束後，先將父親的情形交代妹妹，到機場再告知小姑姑，沒想到她很生氣，因為半夜養護中心的電話先撥給我和妹妹，我們都在睡夢中沒接到，倒是小姑姑接到了。她在生氣之外，其實還有許多情緒。情緒本身沒有任何問題，我很接納，遂在機場靜靜聽她將那些情緒說出。結束通話時，她已沒那麼多情緒。

**二〇一八年八月二十六日下午二點二十五分**

上次去看父親，是十七天前，今天去看他，已有心理準備，他的人生要邁入下一個階段。

這十七天期間，發生許多事，包括在我出國前夕，養護中心來電，提及父親的進食能力退化，接下來可能要插鼻胃管。言猶在耳，翌日一早，正要出國，便接到父親生病住院的消息。回國後隔天，要去醫院看他，又得到消息：他出院了。

這一切都來得太突然，太難料。面對無常，我逐漸學會如常以對。

下午趁著大雨來襲前去看他，他仍坐在輪椅上，只是臉上多了鼻胃管，人又消瘦一些。我見了，不免心疼與難過。

幾個月前，他還能走路，還想著回家看看。轉眼之間，從跌倒、開刀，到頻繁進出醫院，到如今要插鼻胃管，他大概很難再站起來。

昨天在「少少綠食材」導讀《老得好優雅》，今天來探望「老得好狼狽」的父親，不勝感慨。但父親的狼狽並非無因，早在十多年前退休之初，已見端倪，一步步走到今天，其實不令人意外。

倒是在病痛的折磨下，他那固執、強制的個性逐漸被磨掉，今年以來，我開始看到他的柔軟與幽默感，那是對生命或多或少的臣服吧！

病痛與老年，都是引領人轉向內在、靈性的途徑。不轉向，就得承受更多痛苦。

父親的人生要邁入另一個階段，是更多臣服？還是更多痛苦？就看他如何選擇。我只能一旁陪伴，與他同行，也與他一起學習。

## 二〇一八年十一月二十三日晚上十點一分

人生實難。

在國外收到妹妹的信，說父親今天剛出院。在信裡，我一併知道了父親住院的事，那是一星期前發生的。

想起八月時，父親也在我出國時生病住院，未免太巧了。妹妹在信中也說：「我也覺得納悶，怎麼好像你出國，爸就會住院。」

收到信時，我剛完成半小時的長靜心，內心安穩，對於信中內容，只感到驚訝。

然而，我真有那麼安穩嗎？讀完信後，思考、沉澱了一會兒，再次回到長靜心裡，這才覺察到，內在其實有許多細微的情緒。在靜心裡，我細細辨認這些情緒，與它們在一起。

人生實難。對自己一致，也難。

人生有許多事是難以預料的，也難以改變，此所以難。但內在是可以改變的，內在改變了，外在就改變。只是這份功課甚難，要以正確方式刻意練習，方能見效。我結合靜心與冰山，日日練習，對自己一致，對自己如實。如此積累五年，人生仍難，但已沒那麼難。甚至，漸有如釋重負之感。

先回到內在，再回應外在——面對充滿各種挑戰的人生，這是我學習過最好的途徑了，值得持續刻意練習。

**二〇一九年一月三十日凌晨一點三十三分**

手機鈴聲響起，我從睡夢中醒來，掙扎看了一眼手機螢幕，是養護中心打來的。由於剛醒，感官尚未完全恢復，手機那端講的話語，我只聽懂「血壓過低」、「要送哪家醫院」兩個句子。但這已足夠，我給出醫院名稱。

結束通話後，我躺在床上，思緒紛飛，難以入睡。

怎麼我剛開始寒假與年假，父親就住院？這是養護中心第幾次凌晨打電話來呢？昨天才去看過父親，他還好好的，怎麼就這樣了？小姑姑託我拿一袋她自種的橘子去養護中心給父親，今天還要帶去嗎？父親現在的情況如何了？這個時候坐上救護車，會不會太冷？我當下能做些什麼嗎？……

輾轉難眠，乾脆起身在房裡坐了一會兒，回到呼吸，回到當下，紛飛的思緒逐漸平息，再次回到床上，一覺到天明。

**二〇一九年二月二十日凌晨一點十六分**

手機響起時，我正在睡覺，一時難辨那是什麼聲音，原以為是鬧鐘，但那聲音與鬧鐘不同，我恍惚想起，可能是養護中心撥來的。

接起手機，果然。父親輕微發燒，養護中心表示，燒若不退，待會兒就送醫院。

結束通話，看了看時間，凌晨一點十六分，我才睡兩個多小時。起床坐了一會兒，心想：「前一天才去看父親，他還好好的，怎麼又生病了呢？」

調整內在後，再度入睡。

**二〇一九年二月二十日上午六點三十分**

醒來後，撥電話到養護中心，方知父親後來發燒不退，送醫院了，但情況穩定後，已經出院。

父親這一夜，真忙碌、折騰呀，我忍不住感嘆。不僅為人子女者要面對父母的老病，老人家也得面對自己的老病，這是一份太不容易的內在功課，父親沒學過，我自己來學吧，並且在每次手機來電時，練習回到內在，自我安頓。

**二〇一九年八月二十九日上午九點十四分**

工作坊開始不久，我還在開場，口袋中的手機震動，取出一看，是養護中心打來的。

我平常不會在工作時接電話，除非是養護中心的來電，他們通常只會在有緊急事件時打來，我不想冒險，因此睡覺時也不關手機。有幾次，父親的確在凌晨送醫。

這次，我也不想冒險，遂中斷開場，跟全場學員說：「養護中心打來的，我接一下。」

結果，是父親打來的。我很驚訝，他已經很久不這樣做了。

「你在工作嗎？」父親問。

「對，我正在工作。但是，你可以講一分鐘。」我設下界線，並保留彈性空間。

他吩咐我下次去看他時，買一雙「布鞋」去給他。

布鞋？就這樣？

可是我不知道他腳的尺寸呀，買鞋不比買水果或衣服。

我還是先答應他，一來一分鐘到了，我得上課，二來不知尺寸總有不知尺寸的做法，再想就好。

我們結束簡短的交談，我覺察到從頭到尾，我的內在都是平靜的。如果是以前發生這樣的事，我會氣急敗壞，用這類言語回應他：「我正在工作，你不要在這種時候打來，我會很困擾。」

「這種小事，不要特地在我工作時打來給我。」

「我又不知道你腳的尺寸，要怎麼買？」

「你不要沒事從養護中心打電話來，我會被你嚇死！」

但我這次很平靜，回應的方式與品質便完全不同。能有這份平靜，無非是每天靜心，並時常回到自己的內在冰山，日積月累，自然會有進步。

結束與父親的通話，我欣賞自己的進步，當然也要跟現場學員道歉。

**二〇二一年七月二十九日晚上七點五十六分**

夜裡在家健身，手機響起，是醫院打來的。父親無事，但我需去一趟，五十分後抵達。

看了看手錶，想了想，出門前這段時間，還要繼續健身嗎？或者說，還有辦法繼續嗎？因為狀態被打斷。

為什麼不呢？

父親何時出院？醫院何時打來電話？電話裡會跟我說什麼？這些都不是我能掌握的。我能掌握的太少了，大至疫情何時結束，小至下個路口是紅燈還是綠燈……

但至少還有一些事，是我能掌握的，例如，有疫苗可打，就去打；遇到紅燈就停下來，做一會兒呼吸靜心。以及，在出門前這段時間，把自己調整好，繼續健身，能做多少就做多少，畢竟這是為自己的健康而做。

是呀，我至少能為自己的身心健康做些事。於是，繼續健身，又鍛鍊二十分鐘的核心肌群，才去做些出門前的準備。

**二〇二一年七月二十九日晚上十點四十一分**

從醫院回來，有些晚了，印度瑜伽大師薩古魯（Sadhguru）的七種冥想與瑜伽還要做嗎？為什麼不呢？這不是我能為自己的身心健康做的事嗎？

仔細想想，我能為自己做的事還滿多的：親自準備豐盛、營養的早餐；減少上網、看美國職棒的時間；早睡早起；每天靜心、自由書寫、瑜伽……。這些都是我可以掌握的，我為什麼不做呢？不只要持續做，好好做，更要愉悅的做。

**二〇二一年十月二十一日晚上八點四十七分**

正在線上演講，手機震動了，我沒理會。過沒多久，又震動。取過手機，是養護中心打來的。我做了一次深呼吸，讓自己回到當下。這個時候連來兩通電話，很不尋常，我得立刻做出選擇：繼續演講？還是回撥？

再做一次深呼吸，再一次讓自己回到當下後，我選擇向主持人與聽眾說明情況，請他們等我三分鐘。

深呼吸後，回撥給養護中心。果然，父親發高燒，得送醫院，備有看護的私立醫院沒有床位，必須送公立醫院，我得在一小時內抵達。

我對父親有責任，對這場演講也有責任，人生沒有標準答案，我得立刻做出下一個選擇，並且為自己的選擇負責。是停止演講？或者講完再過去？

深呼吸，回到當下。

我選擇停止演講，在跟主辦單位與觀眾說明後，我打開子彈筆記，找到「陪病清單」，開始打包今晚要在醫院過夜的行李。

這份「陪病清單」，是根據之前多次經驗而設計的，它能讓我在這種緊要時刻專注當下而不慌亂，我在最短時間內，便將所需物品悉數裝入背包。打包結束，還有一些時間，我思考著隔天課程如何善後。安排妥當，正要出門，手機響了，又是養護中心打來的，這回是？

深呼吸，一次，再一次。

私立醫院有床位了，我今晚不必趕到醫院，隔天課程亦可如常進行。短短十分鐘，像極人生的縮時攝影，我深深感受活在當下有多重要，我永遠不知下一秒鐘會發生什麼。

我還是可以規劃未來，但無須煩惱未來。規劃好未來，就回到當下，這便是托勒說的：「運用『鐘錶時間』。」去擔心、煩惱未來，而失去當下，這便是托勒說的：「認同『心理時間』。」我們身上的重擔，幾乎都來自於認同心理時間。

這幾年，只要與父親相關的電話響起，我便會有衝擊。我能做的，是利用這些事件與衝擊，一次次練習回到當下，一次次卸下身上重擔。我發現，每卸下一些重擔，便會更有力量面對這些事件與衝擊。

# 接納生命本來的樣貌

二〇一六年二月，父親在家中倒下，住進醫院兩週，期間多次出現「神智錯亂」，會產生幻聽、幻覺等。

例如，他會指著角落：「你看，那裡躺了好多人，他們身上都在流血。」但角落裡什麼都沒有。

另有一次，他問我：「現在小學剛放學是嗎？」他說，他聽到病房外有許多小朋友經過的說話聲。事實上，他的病房在九樓，不可能有一群孩子經過。

面對父親的「神智錯亂」，起初我很困惑、恐懼，後來方知那可能是「譫妄」。但無論那是什麼，在父親人生的最後六年，每隔一陣子就會出現一次，對我而言，每一次都是艱難的考驗。

「你有跟你媽媽說我在這裡嗎？她一定非常擔心，你得去跟她說一聲……」有次，父親又因病住院，我一早去看他，只見他緊張、認真的如此問我。

我有些詫異：怎麼回事？他連伴侶過世的事都忘了嗎？我要如何是好呢？是告訴他真相，母親已經過世數年，還是先順著他的意思呢？

我想起曾看過一部探討失智症的紀錄片，片中的老太太失智多年，每逢清明，子女都會帶著媽媽去為死去已久的爸爸／丈夫掃墓。來到墓前，老太太總會一臉茫然：「你們帶我來這裡做什麼？」

「來給你的丈夫掃墓、上香。」

「我有丈夫嗎？我什麼時候有丈夫？你們不要亂講……」老太太先是生氣的矢口否認，過了不久，慢慢想起原先遺忘的往事，遂由生氣轉由困惑：

「他在哪裡？」

「他早就過世了，所以我們今天才來這裡看他。」老太太一聞言，立刻陷入巨大的悲痛之中，嚎啕大哭，那哭聲令人不忍卒聞。過了數天，老太太又忘記自己曾有老伴的事，直到隔年清明，子女才再度提醒。

這一幕讓我好揪心，喚醒老太太的記憶，似乎是殘酷的，因為她轉眼又會忘記，所以每逢清明，她都得重新經歷一次喪偶之痛，而每次喪偶之痛，對她而言都是第一次，都是最強烈的、最難以承受的。

她的子女自然也很揪心。幾次之後，他們便不再帶著媽媽去掃墓，也不再提醒她曾有老伴的事。

如今，也輪到我面對這個挑戰了嗎？望著父親緊張、認真的眼神，我先低頭看了一眼自己的右手，才抬起頭來：「你放心，我會告訴她。」

「如果你的手是張開的，空就會在那裡；如果你的手沒有張開，如果你握住你的拳頭，空就消失了。在拳頭裡沒有空間，在張開的手裡，整個天空都在那裡。」

奧修的這段話提醒了我，每當又對父親的事有所糾結，便看看自己的手吧！是緊握的，還是鬆開的？緊握是控制，鬆開是接納，我是有選擇的，我要選擇哪一個？

這天早晨，我選擇鬆開，選擇接納父親的記性其實「有他自己的邏輯」。是的，我開始練習接納，以更客觀的觀察——他的邏輯和我不一樣——來取代「錯亂」、「有問題」、「退化」等這類帶有價值判斷意味的詞彙。

儘管有些難過，儘管我一點都不知道要如何去跟母親說，我選擇在離開醫院後，到附近的傳統市場買水果。我刻意走得很慢，讓自己在緩慢中覺察思緒與呼吸，也讓自己感受陽光灑在背上的溫暖。

路過本山大叔（這位小販長得真像小品演員趙本山）的蔬果攤位，沒見到他的人，我繼續往前走，看到前方五十公尺外的十字路口，我先是一愣，繼而笑了——那是母親出車禍的路口呀，我正好可藉此完成對父親的承諾。

來到路口，車來人往，地上早已不見車禍時留下的血跡，風徐徐吹過我的臉頰。

「媽，爸生病住院了，他擔心你會擔心，要我來跟你說一聲，他現在人還不錯，請你不必擔心。」

在風中跟母親說完話，原路折返，本山大叔出現了，駐足與他聊了一會兒，方知他與我父親年歲相當，只是兩人的健康、個性頗不相同。本山大叔開朗、外向，喜歡找朋友喝茶、聊天，身體至今硬朗。此時，我忽然意識到，我對父親仍有未滿足的期待，希望他也能像本山大叔一樣開朗、外向。我深吸一口氣，有意識的低頭看了一眼自己的右手——這是我要鬆開的，這是我的人生功課，不是父親的。

這樣的功課，每隔一陣子就會來一次，無預警的悄然到來，迫使我重新面對。

「你怎麼知道我在這裡？」這是另一次挑戰，父親高燒住院，退燒後，我數度去看他，第二度去探視時，他驚訝的說了這句話。

他記得我大叔叔、妹妹昨天來看過他，卻全然忘記我早在他們之前就來過了，甚至還是我通知他們的呢！但這些對我而言，此時一點都不重要。

閒話家常之外，他還囑咐我，要記得幫他打一通重要的電話。我豎起耳朵，專注聆聽，他希望我打的電話是——電信局，告訴他們，他正在醫院養病，並非無故不去上班。

「你已經退休。」我忍不住提醒他。哈，我的慣性又來了。

「我知道。」他繼續囑咐我，他在哪一科上班，分機號碼多少，電話中要說些什麼。他再三強調，這通電話很重要。

對我而言，退休與上班是兩件衝突的事，但對他而言，一點都不矛盾，他有自己的邏輯。看他講得如此認真、嚴肅，我知道，此刻與他爭論所謂對錯毫無意義。相反的，由於我看見他在話語底下，其實是不想造成別人的麻煩與誤會，我對他有更多的理解與尊敬，我決定收起慣性，轉而認真與他談論這個話題。

「那我需要告訴他們你住哪個病房嗎？還是只要說你住在哪家醫院？」

聽我這麼一問，他嚴肅的思索一會：「講醫院就好，不必講病房。」

我笑了，我知道在話語底下，是他不想麻煩同事來看他的心思。這就是我的父親呀，一個體貼而良善的人。如果光從外在言行是否合乎邏輯來評斷他，我就看不見他的內在本質。這是我在薩提爾的冰山理論裡得到的重大收穫，我感激這幾年能有這樣的學習，讓我能逐漸超越對於外在言行對錯的執迷，重新找回與父親的內在連結。

然而，這只是考驗的開始，我真能每次都接納他這樣的狀態嗎？

隔天下午又去看父親，他一臉緊張，眉頭深鎖：「我沒帶錢，怎麼辦？」

「你本來就不需要帶錢，你要錢做什麼呢？」

「我住這裡，要付錢。」

「錢我會付，你不用擔心……」

剛說出最後五個字，我就笑了。他明明在擔心，我卻叫他別擔心，他就因此不擔心嗎？我平日的工作都在教別人不要否認、壓抑情緒，我自己大多也都做得到，沒想到在父親面前，有時還是不容易呀！

我當下雖然笑了，但接下來與父親交談愈久，愈笑不出來——他竟不知自己置身何處，甚至誤以為在另一個城市，還忘了自己為何進來這裡⋯⋯。怎麼會這樣呢？我原先的接納不見了，轉而有些沉重與生氣。

「你是怎麼來的？」他問道。

「騎摩托車。」

「你怎麼會有摩托車呢？」

聽他這麼一問，我感覺自己不只在生氣，簡直在冒煙，我得在爆炸之前讓自己熄火。先處理情緒，再處理事件，我以找護理人員為由，離開病房，到外面走道做幾次呼吸靜心，重新與自己連結，並檢視內在感受——剛剛除了生氣，還有什麼情緒湧上嗎？

驚訝，以及難過、無力，這些都是我剛剛沒看見的。

在此幾天前，有朋友問我：「什麼是生命本來的樣貌？」此刻，我正好也可用此刻的情境自問。

父親昨天的狀態是生命本來的樣貌，今天的狀態也是生命本來的樣貌，只是我接受他昨天的狀態，卻抗拒他今天的狀態，所以才會出現生氣、難過、無力等情緒。換言之，我在第一時間未能接納生命本來的樣貌，才會感到痛苦。幸好，我還有第二次接納的機會——接納情緒與痛苦。這仍是托勒書中的教導。

在病房外安頓情緒過後，我再度回到父親床前。他慢慢弄清楚這幾天發生的事，滿臉懊惱，用手指著自己的頭：「我這裡怎麼會空空的呢？我怎麼會忘記呢？」

「年紀大了，總會有時候忘記，有時候記得。」此時的我，已接納父親，因此可以微笑以對。「你的頭腦忘記了，沒關係，我來做你的頭腦，你想知道什麼，就問我，我會告訴你。」

接著，我還帶他玩一些簡單的記憶力「遊戲」——你是誰？我是誰？你有幾個兄弟姊妹？你排行第幾？等等，讓他知道自己的記性還不錯，進而恢復些許信心。

突然間，父親像驚醒般丟出一句話來：「你今天不必上班嗎？」

「我下班了。我一回家就過來。」

「那你一定累了，趕快回去休息吧！」

與他道別後，我心想：「我那個體貼而良善的父親，又回來了。」或者應該說，他的體貼與良善一直都在，只要我能看穿始終變動的外在形相，自然能看見他那永恆不變的內在本質。

為了讓自己儘可能每次都在這種狀態下見到父親，我會做些功課。先在家靜心、自由書寫，而在前往養護中心或醫院途中，打開感官，覺知身外的景象與聲音，讓自己更專注在當下。這些練習，都能讓我在面對父親時更臨在，在面對各種突發狀況時如常以對。

印象最深刻的一次，是在上山前往養護中心途中，巧遇從養護中心開下山的救護車。「上頭載的是父親嗎？」我感到困惑，但心想，還是先到養護中心吧，頂多撲空，再下山便是。

到了養護中心，父親並不在車上，而是安坐在二樓的輪椅上，看起來精神不錯。不過，真正的考驗才要開始呢！

父親一見到我，便氣急敗壞要我解開他身上的束縛，好讓他去洗手間。但他那陣子左大腿骨有傷，動不得呀！可他不管，執意要去。

那些年，父親反覆進出醫院，我從中得到的經驗是：「交給專業的來處理。」我請來護理長，護理長好說歹說，要父親直接排放在尿片上，自有專人為他清理。但父親自尊心極強，也不願意麻煩別人，因此護理長愈說，他愈生氣。

我在一旁觀看，內在居然平靜得很，偶爾蹲下來，簡單向父親說幾句，只是他心意已決，無人能動搖。

護理長畢竟經驗豐富，提出折衷方案：請照服員陪父親到洗手間，小心安置好後，由我一旁陪伴，再以服務鈴通知照服員來收拾。但若因此影響到腿骨傷勢，則由父親自負結果。對此，父親同意了，我亦頷首稱好。

這些年，父親只要在病中，便會特別倔強、固執。我當然希望他能臣服於病痛，臣服於當下，但是他顯然不肯。他不願意臣服，無妨，就由我來臣服吧，臣服於他的無法臣服。那畢竟是他的人生，不是我的，他的左腿萬一永遠好不起來，那也是他的選擇，他得為自己的選擇負責。

父親的房間裡有洗手間，照服員謹慎將他安置於馬桶上，我則坐在洗手間外不遠處的床沿上，兩人之間有輪椅阻隔，既適度保護他的隱私，也能讓他在我的視線範圍內，確保安全。我只簡短告訴他，我今天不必工作，不趕時間，請他慢慢來。

之後，室內一片靜默。

這片靜默長達二十分鐘，我安然坐著，享受著與父親相處的時光。我想起我們曾經十八年不說話，那是毫無連結的十八年。如今，這二十分鐘的不說話，我們之間卻有很深的連結——我隔著五、六公尺陪著他，他也陪著我，我感覺我們之間有一股很深的愛、自由與安全的能量在流動。

此時此地的我，是幸福的。多年後，這也會成為美好的回憶。

二十分鐘過後，父親向我招手示意，我按了服務鈴，請照服員來將父親扶回輪椅上。過程中，我暫時迴避，讓父親保留隱私。

照服員將他推出洗手間後，由我接手，問他：「有比較輕鬆嗎？」他點點頭。「我們下樓說說話吧？」他再度點頭。

這天去看他，我感覺自己的內在比以往都更安穩，因此我停留的時間也更久。以往大概會待半小時到一小時，今天待了整整一個半小時。

下樓後，大多是父親在說話。病中的他，說話並不清楚，頭腦裡的資訊、邏輯也與平日不同，常說些離奇的事。例如，提到農曆年前，他的左手斷了云云。雖無其事，但我不打算「糾正」他，因為事件的真假已不重要，重要的是我們能在渴望裡有連結。我遂帶著好奇，與他有一小段好玩的對話。

「你的左手是怎麼斷的？」

「我也不清楚。」

「左手斷了，會痛嗎？」

「不會。」

「不會呀？那你怎麼會知道左手斷了？」

「穿衣服的時候，覺得左手怪怪的……」他開始比手畫腳，向我解釋「當時的情形」。

「斷了之後，是怎麼好的？」我問。

「醫生幫我接上的。」

「多久之後才復原的？」我繼續問。

「接上之後就好了。」

過去這些年，父親只要一生病，便會說出令人匪夷所思的話，我一開始很難接受，內在五味雜陳，總會想盡辦法讓他「恢復正常」，卻總徒勞無功。（而事實上，他每次只要身體的病好了，頭腦也就好了。）

這次，我已全然接納，我已放下所有期待以及「我對他錯」的執著，我只是享受著與他相處、對話的幸福時光。

在這段好玩的對話過後，我們之間有一段靜默。接著，他開始講述另一個離奇的事件。由於聽不太清楚他說些什麼，我選擇只是專注看著他，讓他暢所欲言。

而後，他轉而說起他的煩惱：他有兩輛廂型車，實在太占空間了，不知該怎麼辦？

事實上，他並沒有兩輛廂型車，唯一那輛早在母親過世不久就賣掉。但我無意與父親在事件的真偽上爭辯，那沒有意義，我只是耐心聽他說完，而後問他：「這兩輛車要如何處理，你有什麼想法嗎？」

「我沒有想法，所以才問你呀！」

我也沒有想法呢！停頓一會兒，回到內在，感覺自己很平靜，遂如此回應：「這件事，我回家後先與妹妹討論，再來跟你商量，好嗎？」

父親點頭同意。

這天的幾段對話中，父親的眼神有時空洞，有時明亮；聲音時而激昂，時而零落。最讓我驚異的是，習慣深鎖眉頭的父親，在這個過程中，眉心竟然是舒坦的，沒有一秒鐘皺起。他的內在發生什麼事呢？我不知道，我只知道，這九十分鐘的互動實在太有趣。

我能再陪伴父親多久呢？我不知道。我能做的，是珍惜每次相處的時光，帶著「如常」與「臨在」，與父親共同創造和解後每一個幸福、溫暖的片段。

# 看見真實的自我

父親的輪椅壞了，我和小姑姑幫他挑一輛新的，載去養護中心給他。

由於前兩次都撲空（父親有時會搭養護中心的專車，到醫院回診拿藥），這次在上山前，特地先撥電話確認。接電話的是一位年輕社工：「叔叔，阿公今天在喔！」

我聽了，一時愕然。社工至少也有二十多歲吧，竟然叫我叔叔？我有這麼老嗎？

也罷，她都稱我父親阿公了，叫我叔叔也是正常的。再說了，已有一些朋友的小孩以阿伯稱我，二十多歲的女孩稱我叔叔，也沒什麼問題呀！倒是對於自己在那瞬間如此執著於稱呼、年紀感到好笑。有了對這份覺察，隨即也就放下對於稱呼的執著。

與小姑姑一同來到養護中心，正要上樓探視父親，瞥見復健室門口坐了幾位老人，他們正排隊等著進去復健。其中有位我認得，以往在二樓，他都坐在父親旁邊，只要見我上樓，便會用力扭動著不太靈活的身體，以吃力、含糊的聲音提醒我父親：「你兒子來看你了。」若我父親不在，他同樣會用力扭動身體，以吃力、含糊的聲音告訴我父親在哪兒。在我心中，這是個熱心的老好人呀！

這天，見到熱心的老好人又在用力扭動身體，我不禁停下腳步，朝復健室望去。裡頭好多人呀，一位穿著白袍的醫生正在協助老人們復健。不久，有個老人向我揮手，是父親。我快步走了過去，先向老好人致謝，再進去看父親。

見到新輪椅，父親很喜歡，復健結束後，他推著新輪椅四處走動，頻頻笑著稱讚「很輕」。他生性節儉，最介意錢了，自然要過問輪椅的售價，我和小姑姑自然不能讓他知道真實的價錢。

然而，當他提到兩位經常照顧他的外籍看護要回國（一位期限已到，一位要回去結婚），我和小姑姑都瞠目結舌——他要我下次帶些錢，讓他包兩個各三千六百元的紅包給她們。在這方面，他卻如此大方，毫不遲疑。

「要包這麼多嗎？」反倒是小姑姑遲疑了：「包一半就好了吧！」

我則覺得無妨，畢竟是父親的一點心意，相處一年，彼此也有感情。外籍看護離鄉背井，在異地生活，舉目無親，只能在與老人的互動中，得到些許親情的慰藉。

這裡的老人也是，離開了熟悉的家與親人，來到養護中心，過著安全卻不自由的生活，與他們最親近的，就是這群朝夕相處的外籍看護。聽這裡的社工與護理長說，每當老人過世，負責照顧他們的看護往往會難過得落淚，彷彿是為自己的親人而哭。

兩位要回國的外籍看護之中，「大花」與父親最為親近，每天早中晚三次，陪著父親聊天、散步、復健（當然，我們必須支付她鐘點費），我有次去養護中心，她正在為父親縫補襪子呢！父親會捨不得她回國，會想包個紅包，這是人情之常。

父親推著新輪椅四處走動的同時，我環顧四周，幾個行動自如的老人圍在窗邊，笑語盈盈打著麻將。其他行動不便的則坐在各自的輪椅上，有的倚牆發呆，有的專注看著電視節目。白衣護理師在護理站忙進忙出，身著磚紅色制服的外籍看護也不輕鬆，得應對老人們的不同需求。幾個身穿圍裙的廚工，正在張羅晚餐。護理長是這群照顧者的領袖，也沒閒著，有時在叮囑員工，有時則與老人話家常。

這是養護中心的日常。

這家養護中心共四層樓，住著形形色色的人，包括兩百多名被照顧者與照顧者，規模頗大，儼然社會的縮影。一樓是大廳、辦公室與接待區，二、三、四樓則是被照顧者的住所與活動區域。

被照顧者住進這裡的原因各異，大多是年紀大了，行動不便，疾病纏身，家人又無暇或不願照顧，因此被送到這裡。有些只是暫居，絕大多數則是從此長住下來，直到溘然長逝。我去探望父親時，經常觀察他們的存在，有時也會與他們聊上幾句。

這天，先是與一位八十餘歲的老兵聊上了，我專心聽他講述一江山戰役的種種。父親很驚訝我居然聽得懂湖南話。其實，我也只是邊聽邊猜。

而後，一位坐在輪椅上的客家老翁主動過來攀談。老翁樂天幽默，時有驚人之語。例如他說，他有個朋友患有高血壓，九二一大地震過後，病就好了。父親聞言一驚，忙問是怎麼好的？只見老翁張開血盆大口（大概以前常吃檳榔之故），笑說：「死了，就好了。」我和父親忍不住大笑起來。

老翁進來養護中心前，菸、酒、檳榔不離身，進來後，說戒就戒。我問他怎麼做到的？

「沒辦法啊，這裡又沒賣。」他答。

「很不習慣吧？」我問。

「久了就習慣。」

我又問他，是什麼原因進來的？老翁說，酒後騎車，撞到電線桿，進了醫院，併發小中風，出院後，就進來這裡。

他笑了笑：「中風很難好起來，除非……」

「除非什麼？」我好奇的問。

「送到火葬場燒一燒，不就好了？」老翁說完，我們都笑了。

老翁真是個庶民哲學家，笑談之言，寓意深遠。我們之所以煩惱、痛苦，不都與這一身皮囊有關嗎？頭腦永無止境的滋生負面念頭，我們又對念頭深信不疑。而身體除了會受傷、生病、疼痛、老化，還會製造並感受到各種負面情緒。執著於頭腦與身體，正是痛苦的根源。

忘了是在哪本書看到的：「身體，只是一襲穿在我們身上不合身的衣服。」換言之，「我」只是暫時寄住於身體裡，「我」不僅不等於身體，而且還大於身體，將這一襲不合身的「衣服」等同於「我」，是人生在世所有煩惱、痛苦的根源。如果不能在活著的時候超越身體，就只能等待死後才能放下對身體的執著。難怪奧修會說：「如果連死亡也不能吵醒你，什麼才能叫醒你呢？」

弔詭的是，要想超越身體，得先愛惜身體。但「愛惜身體」與「執著於身體」並不相同。「執著於身體」是將「衣服」等同於「我」，煩惱、痛苦由此生焉；「愛惜身體」則是愛惜「衣服」——「我」既然是藉著這個身體來到世界上的，那麼離開時，也要將這個身體完整歸還。

死亡是超越身體的一扇門，愛惜身體也是，這兩者的最終目的，都是為了看見內在最真實的自我。

就在我因老翁之言而浮想聯翩之際，一位老太太的舉手投足，吸引了我的目光。

天冷，這位老太太身著紅色棉襖，戴著棕色毛帽，在外籍看護的攙扶下，緩緩來到鋼琴前，輕輕坐下。看護掀開琴蓋，老太太伸出雙手，開始彈奏了起來。

原以為她只是彈好玩的，撥弄琴鍵罷了。不，她彈真的，指法流暢，曲音可識，一段接著一段，一首接著一首，一旁的看護愉悅的跟著打拍子，我和父親、小姑姑都看呆、聽痴了。

小姑姑這些年參加國樂團，拉的是二胡，對音樂、樂器頗有造詣，她忍不住走了過去，與老太太攀談起來。我也湊過去聽，方知老太太以前是音樂老師，如今九十八歲，記性雖已不佳，但彈了一輩子的琴，指尖上的音符與感覺猶在，彈奏起來毫不費力、僵滯，嘴巴喃喃唸著 mi fa so，沉浸在自己的世界裡。在那個世界裡，她博聞強記，走動自如，周遭可能還圍繞著向她學琴的學生。

我聽了，不禁感嘆：每個人都曾有過那樣的時光，而每個人最後也都會變老，像這位老太太，也像我的父親。

老太太彈完琴，在看護的攙扶下，回到自己的餐桌旁坐下，她的手指仍在天空中比劃著，嘴裡唸唸有詞，臉上洋溢著燦爛的笑容。

這個下午，我在養護中心看到了生命的餘光，也感受到了生命的餘溫，真美。

# 用幽默感生活

到養護中心探視父親的時候，我常能從他的說話清晰程度，研判他的健康情形。這天，他說話並不清楚，音量也較為小聲，顯然身體不太好，幸而我如今是個很有耐心的傾聽者，還是聽他說了許多話。

他覺得自己最近過得不太好，因為頻繁進出醫院。他對自己幾個月前跌倒開刀感到懊惱，因為他好不容易靠著努力復健讓自己能夠走路，如今又得重新再來。他也心疼他的大姊大病過後，變得如此削瘦。

我只是專注傾聽，並用手掌撫摸著他的手，他的肩，他的頸，他的臉，以及他的頭，與他連結。他的削瘦也不輸他的大姊呀，這兩年他瘦了好幾圈，已不是我當年認識的父親。有時，我的思緒不免紛飛，想起往事，想到未來，但我還是儘可能將注意力拉回當下，享受與父親相處的每一個片刻。

外頭難得沒有豔陽，我推著輪椅，帶他四處走走。有輛黑色豐田停在附近，父親神來一問：「你今天開車來呀？」

我聽了哈哈大笑，他也笑了。他明知我是不開車的，卻故意幽我一默。

這是我不太認識的父親——在我印象中，他嚴肅而憂鬱，眉頭經常深鎖，從來都不是個幽默與調皮的人，尤其在被迫退休後，更顯得鬱鬱寡歡；而喪妻之痛，更令他深陷悲傷之中，難以走出。

或許，是之前我們十八年不說話，我太不了解他了？也或許，是我們和解之後，甚至是他進了養護中心之後，才長出來的幽默感？人生到他這個階段，有幽默感總是好的，幽別人一默，也幽自己一默。

臨走前，父親又神來一問：「你不是要告訴我一件事情嗎？」

我被他問得糊塗了。這又是什麼樣的幽默嗎？但是他很正經的看著我，偶爾在嘴角露出慧黠的微笑。好吧，我就跟這位調皮的老先生玩一下，看看他葫蘆裡賣什麼藥。

「我有答應過你要告訴你事情嗎？」我問。

「當然有囉！」

「我什麼時候答應你的呢？」我又問。

「幾個星期前呀！」

「是關於你的事？我的事？還是其他人的事？」在與寡言的父親對話時，我常用這種「封閉式問句」，來探詢他的想法。

「跟你有關。」

「跟我有關呀……。是好消息，還是壞消息呢？」又是封閉式問句。

「應該算得上是好消息。」

我滿意外「核對」的對話技巧，竟在這個時候用上了，我與父親因此能有更多連結。

此時，我的腦海閃過一個畫面：兩週前，父親生病住院，我去看他，他問我一個問題，當時其他病床尚有人，我不好回答，遂承諾日後再告訴他。

莫非是這件事嗎？父親狡獪的笑了。我驚訝極了，因為他近年的記性不好，尤其會將住院期間發生的事忘得乾淨，我太驚訝他居然還記得。而我，早就忘記了。我忍不住大笑起來。

給了父親答案後，輪到我狡獪的笑了：「既然你賣我一個關子，我也要賣你一個。我下次來，會告訴你一個天大的好消息，但我現在不會給你任何提示，而且你下次得記得問我，我才會說喔！」

在幽默與調皮這方面，我可是不輸他。

但幽默的父親，畢竟是我不熟悉的父親形象，我常會在毫無防備之下，遭遇他的幽默「襲擊」。

另外一天，我去看他，我們在養護中心的長廊上並肩走著，他緩緩推著自己的輪椅，練習走路。

「下一次你阿姑來，我要給她洗腦。」

父親平淡吐出這句話，狀若無事。我聽了，一時沒能會意過來，半晌之後，才笑了。

小姑姑雖是父親的小妹，「訓斥」起她的四哥來，卻頗有大姊風範。父親拙於言詞，時常說一句「我想搬回家住」之後，便得挨半天的訓，儘管嘴裡不說（也說不過），心裡自然是不服與鬱悶的。

「你要拿什麼『洗』呢？」我順著他的話語問他。

「拿茶箍（肥皂）洗啊！」

父親難得一見的幽默，再次令我大笑起來。與這樣的父親相處，多有意思呀！

這樣的幽默或小趣味，有時會主動從父親口中出現，有時則需要在父子兩人的對話中激盪而出。

印象深刻的一次，是我在養護中心與父親閒聊，他提到一事。前陣子，他去看醫生，向醫生反映所開的藥沒效，醫生竟然生氣。

父親的這段敘述引起我的好奇，立即開啟對話模式。

「喔，你認為他不能生氣嗎？」

「當然不能。」父親板起臉孔，嚴肅起來。

「他不能生氣的原因是什麼呢？」

父親認真想了一會兒：「我也不知道。」

「他如果把生氣表達出來，你會對他印象不好嗎？」

父親點點頭。

「可是，他明明生氣，如果不表達出來，他要怎麼辦呢？」我問。

「他應該放在心裡，不要讓人知道。」父親這樣說。

「你是說生悶氣嗎？寧可生悶氣，也不要表達出來？」

「當然。」

父親自己正是這樣面對生氣的。從小到大，我很少看到他動怒，卻常看到他生悶氣。原來，他不只這樣要求自己，也期許他人如此。

我繼續回應他：「原來你是這樣看的呀！不過，把生氣放在心裡，放久了會生病呢，怎麼辦？」

「他是醫生，他可以開藥給自己吃。」

我被父親這可愛的答案逗樂了。

「可是，我們一般人都不是醫生，怎麼辦呢？」我繼續好奇的問。

「我也不知道。」

如此有趣的對話，甚少出現在我們以前的互動中，直到我學習薩提爾模式，能以好奇、寬闊的內在與他對話，這類幽默、可愛、好玩的對話才不時如泉水般湧出，滋養著我們彼此的關係。

難怪所有靈性書籍都在強調：要歡慶生命！薩提爾女士也一再強調：要用幽默感來生活！這不是沒有道理的。

我十分欣賞且佩服的NBA馬刺隊總教練格雷格．波波維奇（Gregg Popovich），也是個幽默的人。曾有記者問他：「你執教這麼多年的成功祕訣是什麼？」

波波維奇說：「祕訣？選中提姆．鄧肯（Timothy Duncan），然後好好活著。」

鄧肯可能是NBA史上最偉大的大前鋒，幫助馬刺隊拿到五次總冠軍。

波波維奇在回答中不僅展現幽默，也謙遜的將功勞給予子弟兵。

我以前也是個嚴肅的人，因此我很不快樂，最後生病了。這幾年，許多朋友回饋我，我的笑容愈來愈多。亦有學員告訴我，她跟了我多年的課，發現我的風格變化甚大。同樣是以自身的原生家庭為例，以往我講得沉重，如今則多了幽默感，讓人淚中帶笑。我猜想，這是因為我愈來愈能歡慶生命，愈來愈有幽默感。

很高興在父親晚年，能感受到他幽默的一面，我對他的記憶，不再只是愁苦的、鬱悶的，而是增添活潑、快樂等形象，他在我的腦海中更豐富、可愛了。能帶著這些記憶往前走，真好。

練習五

# 歡送情緒，迎來輕鬆自由

# 允許失落

父親走後，我每天在臉書寫點小文章，記錄當下心境，其中幾篇經重新剪裁、組織，寫入本書各篇。父後三日、四日、五日所寫，似可自成一文，遂有此篇。

**父後三日**

夜裡，失落悄悄降臨。

昨晚是父親離開後，我第一次去上課。課前，將背包放在教室，要去洗手間。走到門口，下意識的轉身，想去拿手機。此刻，我停了下來，有所覺察：為何需要手機不離身呢？是怕錯過任何一通養護中心或醫院打來的電話吧？但從今往後，不需要了呀！

想到這裡，一笑，任由手機待在教室裡。

在課堂上講了這件事，回家又跟家人講一次，皆無異狀。

睡前，又想一次，想起過去六年手機不離身的慣性，想起每天都有接到電話的壓力，那是一股巨大的重量，沉沉壓在身上。

從今往後，一切都結束了，可以放下了，好輕鬆。

輕鬆，也是這幾天會出現的感覺之一，儘管還在操辦父親後事，但與過去六年相比，現在輕鬆太多。這也是父親對我的體貼吧，我的付出，他一定看在眼裡。

睡前，我體驗著這份放鬆。六年來，這是第一次可以如此放鬆，夜裡，不會再有忽然響起的電話鈴聲了。

此時，眼淚猝不及防湧出。

眼淚是健康的，我一點都不擔心。相反的，我歡迎眼淚的到來。

至親摯愛離開了，怎麼可能沒有眼淚呢？在這種時候，要自己或要別人「節哀」、「別哭」是最殘忍的事。

我預期自己接下來會有好一陣子常流淚，我想細細體驗這些眼淚。這些眼淚不僅健康，而且必要，唯有接納，才能走完哀悼的歷程。

這晚的眼淚是什麼呢？我一邊允許眼淚大量湧出，一邊細細體驗。

這晚的眼淚，除了悲傷，還有巨大的失落。

是的，這一切都結束了，再也不會接到那些令我膽顫心驚的電話。但這也意味著，我將斷絕與父親這個形體、肉身的所有連結。

幾天之前，我至少可以去看看他，儘管他日復一日的憔悴。

至少可以聽聽他，儘管他說話的聲音又細又模糊。

至少可以摸摸他的身體，有溫度的身體，儘管有些冰涼。

至少可以對他說說話，儘管他不一定聽得懂。

從今往後，這些都沒有了。

幾天之前，他還是我的牽掛，有時也是沉重的負擔。八年來，他在我心中是一股巨大的重量，占據一塊好大的面積。

從今往後，這些也沒有了。

我終於失去他了，永永遠遠失去他了，不可能再跟有形的他有所連結。

這便是失落，而且是巨大的失落。

這個失落讓我感到悲傷，也感到痛苦。這是父親過世後，我第一次感到痛苦。

我的眼淚大量湧出，停不下來。

這是非常健康的歷程，我允許自己眼淚停不下來，也允許自己靠近、接納那些失落、悲傷與痛苦。

雖然早已預期會有失落，但不知道會來得這麼快。

失落一般會在告別式過後才降臨。在那之前，要忙後事，身心疲累、緊繃。告別式一過，如釋重負，深藏於內在的失落才會一湧而出。我的失落來得這麼早，應與我這麼快就感到放鬆有關吧！

失落遲早要來的，來得這麼早，也很好，我歡迎它的到來。

而且，這晚只是個開始，接下來，還會一波又一波無預警襲來。

想起薩古魯說的：「我們是來這個世界體驗的，不是來逃避的。」也想起阿迪亞香提的話：「任何你所抗拒的，都將會持續。不管你試圖推開什麼，你其實都是在為它灌注能量。」

我不想逃避、抗拒這個歷程中會發生的各種事物，我想好好面對，因為那裡面有好多好多禮物。

母親猝逝時，我完整走完哀悼的歷程，因此領受豐厚的禮物。這次，父親藉由他的離開，留下無形而珍貴的遺產，我也不想錯過，我正在用自己的節奏，緩慢體驗與領受。

**父後四日**

我無宗教信仰，父親後事，從簡而已，偶爾也從俗。

摺金元寶，是從俗的新體驗。

八年前辦母親後事，我同樣無宗教信仰，唯當時尚難從俗。如今，內在有了更多彈性，看到妹妹在摺金元寶，我也跟著摺。

只是，我摺金元寶，並非為了信仰上的理由，而是當成靜心，專注在摺紙時的每個動作，一摺就是一個半小時。

我摺得很慢，能摺給父親的金元寶有限，我想他不會介意。

他已從受限的肉身中解脫，自由了，要那麼多錢做什麼呢？（何況，我亦不從宗教角度看死後世界。）

再者，過去這幾天，他已得到如此多祝福，太富足了。

有時會想，父親生前孤僻，一下子收到這麼多祝福，會不會有些不適應？一笑。

感謝數日來各地朋友的祝福與關心，我都收到了，想必父親也收到了。

父親過世那晚，我找周平來幫忙。周平說，他本來要傳訊息給我的，要我好好照顧自己。繼而一想，我肯定會把自己照顧得好好的，如果需要幫助，我肯定會向他開口，因此就沒傳訊息。

知我者，周平也，我的確把自己照顧得好好的。照顧自己，是我這幾年學會的功課，早已成為習慣，怎麼可能在這種時候忘記呢？這幾天，我如常吃、睡、靜心，如常回到內在，安住當下，也如常練習《直捷之道》，如今已練習到第十三課。

我很好，不必安慰我。

這也是我於父後進課堂時，在白板上寫下的一行字。在不需要安慰時被安慰，反而是困擾，所以我先下筆為強。

需要幫忙時，我會說的。

一位老朋友沒看到白板上的字，一進教室，便趨前來問：「你還好吧？」我指著白板，笑說：「答案在那裡。」

另有一位學員也很有意思，一進教室，直接走過來擁抱我，而後才看到那一行字，又轉身來向我道歉。

有悲傷、失落、痛苦與眼淚，不一定不好。你認為它們不該出現，那它們對你而言就是不好的。我很歡迎它們，它們對我而言，便是美好的禮物。

我正在領受這份禮物。

好友蘊茹問起告別式，我說，那天是上班日，你就別來了。蘊茹的回應很可愛：「如果需要我到場幫忙，就跟我說一聲。至於我上班的事，你別管我，我會自己處理。」

父親的告別式很簡單，只會有親戚參加，亦不收奠儀，實在想不到有什麼需要幫忙的。但朋友是周到、體貼、細膩之人，有她在場，我好像會更安心些，如同那天有周平陪同一樣。

我決定接受這份好意，請她前來「看前顧後」。

想當初，母親過世，我六神無主，手忙腳亂。這八年來，我做了好多功課，不僅安頓了自己，還修復了父子關係，也懂得向外求助，接受他人好意。撫今追昔，我感謝自己的真誠與努力。

這八年，真不容易呀！我不容易，父親也不容易，感謝他陪我走過這段風雨歲月。

父子倆一起畢業了，此後陰陽兩隔，各奔前程，真圓滿。

## 父後五日

我帶了托勒與阿迪亞香提的書到靈堂前，想讀幾段給父親聽。朋友知道了，很好奇我為何不是讀宗教的經文？

我說，因為我沒有宗教信仰，也無法讀我不了解的文字。而更重要的是，托勒與阿迪亞香提對我意義重大。

八年前，母親車禍住院，拔管前三天，我每天帶著托勒《修練當下的力量》去讀給她聽。

當時，我有一種感覺，母親雖然昏迷不醒，但這可能是她這輩子最清醒的時候。

她沒有未來了，過去對她也毫無意義，她擁有的只有當下，她遠比我們更能理解當下的力量，她肯定聽得懂。

母親過世之後，我面臨艱難的父子議題，托勒的書再度幫了大忙，每當父子關係卡住，我要不是找崇建談話，便是翻開《一個新世界》（*A New Earth*），從中汲取靈感與力量。

就這樣，一步步走到父子和解。

這些年，除了托勒以外，我也受到克里希那穆提（Jiddu Krishnamurti）、奧修、一行禪師、阿迪亞香提等人的浸潤。其中，又以阿迪亞香提對我影響最大，最近正在練習他的《直捷之道》。

父親病危那天，我帶著《直捷之道》在急救室外，一邊等候消息，一邊反覆練習書中第九課，逐漸能體驗到書中所說的「靈心」是什麼。

今後，只要我又想念父親了，便可再次練習第九課，與他連結。

過去這八年，如果沒有托勒與阿迪亞香提的指引，我與父親的關係必然會艱難許多，我對兩人由衷感激。

懷著感激，我帶書到靈堂前，原本想讀《一個新世界》給父親聽，竟找不到合適的段落。偶然想起《直捷之道》第十二課，那優美、幽邃的文字深深吸引我。好，就讀這一篇吧！

〈第十二課　此身即佛〉

佛教禪宗說：「此身即佛」……。頂上的蒼穹、足下的大地和時間所遍及的一切，都是上主的容顏。……它既是你本有的圓滿，也是你生老病死的殘酷現實。……

一讀成主顧，隔天也讀同一篇。

第二天的體會更多了，遂邊讀原文，邊向父親解讀文意。

解讀時，常覺得自己可笑，因為父親此刻正體驗書中所說的一切，他一定比我懂，我竟在此班門弄斧。

或許父親也邊聽邊笑，既笑我有些地方講錯了，也笑我有些地方講得還不錯。

在彼此笑聲中，我們又連結了，在「遍及的一切」中連結了。

# 去嘗試、去體驗

「叫著我，叫著我，黃昏的故鄉不時在叫我……」

「手舉斧頭來封釘，子孫代代萬事興，有嘸？」

「有喔！」

「一點東方甲乙木，子孫代代居福祿，有嘸？」

「有喔！」

「二點南方丙丁火，子孫代代發家火，有嘸？」

「有喔！」

「三點西方庚辛金，子孫代代富萬金，有嘸？」

「有喔！」

「四點北方壬癸水，子孫代代大富貴，有嘸？」

「有喔！」

「五點中央戊己土，子孫壽元如彭祖，有嘸？」

「有喔！」

「咬起子孫釘，子孫萬年興，有嘸？」

「有喔！」

「封釘封完畢，子孫代代福祿壽，有嘸？」

「有喔！」

「斧頭丟下地，子孫黃金鋪滿地，有嘸？」

「有喔！」

這是父親告別式上的一景——封釘。

父親於三月二十九日離開，告別式在四月十一日。如同母親的告別式，我在有限的能力內能從簡的都從簡，但封釘等傳統儀式照舊，只有請禮儀公司在父親告別式上增加兩個環節，一是在典禮始、中、末各播一次〈黃昏的故鄉〉，二是在典禮結束前，讓我用幾分鐘向到場的親友致詞。

我能與父親和解，有許多得天獨厚的優勢，其中之一是我小時候與父親有很深的情感連結，這些連結成了日後和解的重要資源。一起聽閩南語老歌，便是其中一項情感連結。

告別式這天，且以〈黃昏的故鄉〉，向父親告別吧！從今往後，只要想與父親連結，就哼個幾句老歌吧！而在另一個世界裡，父親也仍可時常聽到文夏的歌聲吧。

「叫著我，叫著我，黃昏的故鄉不時在叫我……」

告別式當天，許多朋友想來送父親最後一程，我皆婉拒了。父親性喜低調，我想他也希望低調離開。除了家人與十餘位親戚，只有亞芸、蘊茹、周平和善榛來參加，他們是我這幾年甚親近的朋友。

在封釘儀式上，我的小叔叔擔任主釘，禮儀公司聘請的師父擔任副釘，師父每說一句吉祥話，我和妹妹、外甥三位家屬便要應聲而答：「有喔！」

周平事後表示，他對我當天之專注投入、大聲高呼「有喔」感到驚訝。一者，以他對我的認識，我素無宗教信仰，對充滿宗教色彩的告別式儀式，應不至於如此投入。再者，他參加過不少告別式，未見有家屬如此者。對大多數的喪家而言，封釘只是儀式，低聲應答、行禮如儀就可以，而我的「有喔」，音量甚至蓋過帶領儀式的師父。

周平說對了，我並不相信，也不喜歡這些傳統喪葬禮俗的儀式，打從高中起即如此。二〇〇四年，因參加研究所老師唐翼明先生的母親告別式，見基督教告別式中的簡單、莊嚴、肅穆，更加深我對傳統喪葬禮俗的不喜。我曾以為，自己日後也能有勇氣像李敖，在父母的告別式上做些「改革」，直到二〇一四年母親猝逝，方知太難。

一來，遭逢母難，身心俱疲，哪還有心力做什麼告別式改革？二來，來自家人與親戚的壓力太大。試想，父親正在悲慟之中，我好「違逆」他的心意嗎？而親戚長輩的數十雙眼睛，也正炯炯有神盯著我看。我坦承，在這種時候，我很缺乏勇氣堅持自己想做的，反抗不以為然的。

於是，在母親告別式上，我屈服了，全程遵循傳統儀節，實則內在充滿抗拒，每個儀式的環節，我都心不甘情不願的完成，每一聲「有喔」，我都是小聲應著，那自然是極不舒服的經驗。

八年過去，父親也走了，同樣的喪葬禮俗再來一次。我對那些傳統儀節有任何改觀嗎？沒有，我還是不相信，也不喜歡。但那八年的靈性練習並未白費，我的內在有了更多臣服，更少對抗。甚至，也想去體驗看看那些我不相信、不喜歡的事物。

那陣子，我正好在練習阿迪亞香提的《直捷之道》，每天練習書中一個教導。或許不是巧合，父親告別式那天，我做的是第二十二個練習：「覺察你與當下體驗的關係。」

帶著這樣的心情，我一邊認真投入告別式的每個環節，一邊觀察自己的內在。我發現，當我能專注練習「覺察你與當下體驗的關係」，我的內在是可以完全臣服、不抗拒的，哪怕是面對我不相信也不喜歡的事物，也沒有任何不悅或不適。

與我合作多年的工作夥伴亞芸，在告別式上見到我家「人丁單薄」，僅有三人，而我對傳統告別式又頗反感，她不免捏一把冷汗，擔心會不會師父在說吉祥話時，家屬這邊會沒人應答？會不會在各個儀式環節上，我都來個消極抵抗，甚至相應不理？果真如此，豈不尷尬？

令亞芸意外的是，我對告別式上的每個環節都很配合、投入，包括一聲聲的「有喔」！這是因為我當天在刻意練習《直捷之道》。

我印象尤其深刻的一幕是，告別式結束後，禮儀公司的司儀要我們家屬在大太陽底下跪下、叩首，向所有來參加的親友致謝、道別。我第一個出現的念頭是：「這是柏油路面呢，地上很燙，膝蓋和手掌會痛到受不了吧？」

但在下一秒，我臣服了：「那又如何呢？不妨一試！」

於是，我心懷感激，應聲跪下、叩首，毫無抗拒。路面的確很熱，但沒有想像中燙。手掌與膝蓋的確有些疼痛，內在卻始終平靜。我仍然不相信，也不喜歡這套傳統儀式，但我的內在沒有任何拉扯、痛苦，這實在是太特別的體驗。

原來，這就是深刻的臣服。

感謝我的父母，用死亡向我示現深刻的生命智慧。我也感謝自己，沒有白白浪費父母的死亡，而能在其中有所學習與成長。

告別式結束了，我與父親此生緣分亦已結束。圓滿，了無遺憾。

「叫著我，叫著我，黃昏的故鄉不時在叫我……」

# 走進悲傷

父親走後將近兩個月，我一直沒去養護中心辦理離院手續，連他們的電話都時常沒接沒回。

過去六年，我儘可能不錯過任何一通來自那裡的電話。如今，則儘可能錯過，有點「報復」的意味，很幼稚。其實心知肚明，我是在逃避內在的傷痛，能逃多久算多久。

能逃去哪裡呢？那些傷痛就在我的內在，無論我逃到天涯海角，它都如影隨形，不曾遠離。

母親過世後，我也曾如此逃避。當年，交通大隊一再來電，要我前往取回母親車禍時騎的機車，我都只是敷衍、拖延著，不願面對。直到三個月後，才鼓起勇氣，直視傷口。

那天，我徒步走了二十分鐘到交通大隊，辦完領車手續後，發現機車沒電，發不動，本想找機車行來處理，那或許是最為簡便的方式。我細思了一會兒，決定好好面對內在傷痛，選擇牽著笨重的機車回家。

這趟路漫長而煎熬，機車不僅沒電，輪胎也沒氣，牽起來更加沉重，一如我的心情。

那是母親生前常騎的機車，看到它，不免想起母親插管期間，有次外甥融融前來探視，途中發生車禍，機車全毀，人僅擦傷，真是不幸中的大幸！而我母親車禍當下，機車幾乎毫髮無傷，她卻從此昏迷不醒，我多希望她也能有融融的幸運。

牽著沉重的機車，想著並不如煙的往事，流著停不下來的眼淚，逐漸走到母親車禍時的十字路口。由於久旱，三個月前的血跡仍然依稀可見，我再也承受不住，內在傷痛傾洩而出，我停妥機車，蹲在騎樓下，放聲大哭。

當時，我學習薩提爾模式、托勒一年多，已能接納眼淚與感受。在那當下，我並未勉強自己不哭，反而能允許自己盡情流淚，那是健康的眼淚。附近是否有人在看？他人會怎麼想？我並不在乎。

不知哭了多久，眼淚或許流乾，全身開始有力量，我站了起來，機車仍舊沉重，但心裡已輕鬆許多，我繼續牽著機車，慢慢走回家。

那趟漫長的回家之路，沒想到成了我的療癒之路，母親猝逝帶來的創痛與眼淚，自此減少許多，我從悲傷中走出來了。走出來的鐵證之一，是那輛機車我繼續騎了兩年多，心情完全不受影響。

日後，有朋友問我，是怎麼從悲傷中走出來的？朋友一家因喪親之痛，多年走不出來。

「你有先走進悲傷嗎？」我問。

朋友一驚：「什麼意思？」

「你不是想從悲傷中走出來嗎？那就要先走進去，好好面對悲傷。」

這是我從薩提爾模式與托勒學到的心法，至今受用，無論面對的是何種情緒。

母親走後八年，父親也走了，何其相似的生命功課再度到來：當年，交通大隊一再來電，要我去取回母親的機車。這次，則是養護中心一再來電，要我去辦理父親的離院手續。我不能再逃避，那就轉過身，好好面對吧！

星期日下午，騎著車去養護中心，這是一條我騎過上百次的蜿蜒山路。以往每次去看父親，心情都不一樣，有時興奮，有時擔心，有時平靜，有時害怕……。一樣的是，幾乎每次都能看到他。

從今往後，再也看不到了。

騎行於同樣一條蜿蜒的山路上，涼風習習，不僅腦海不斷浮現過往畫面，我的身體也有記憶，沿途的草木、屋舍、天空，本該是熟悉的，但是因為久未上山，有時不免感到陌生。愈接近養護中心，我的胸口愈是堵塞，心情愈發沉重，好像有顆不斷膨脹的石頭卡在那裡。

我一次次藉由覺察呼吸，讓自己回到當下，進而去與胸口沉重的感覺在一起。我知道，這是面對自己的時候了，哪怕再不舒服，都不要再逃避。

來到養護中心，我來得太早，工作人員還在午休，我可以叫醒他們，但我選擇先在附近走走，繼續做功課，與不舒服的感覺在一起。

附近有一塊大草坪，邊緣的圍欄處可以居高臨下，遠眺整座城市。我太驚訝了，父親住在養護中心的這六年，我竟不知有這個地方！每一次來，都心繫著父親吧，眼裡只有他，看不見其他事物。如果能早一點知道，如果能帶他來走走……，我不禁嘆了一口氣。

但父親還是不自由的，不是嗎？被困在養護中心，被困在小小的輪椅上，被困在功能萎縮、病痛糾纏的身體裡。

而今，父親已無須我牽掛，他自由了，我也自由了。他可能比我更自由一些，我畢竟仍受困在這具皮囊裡，有時還是會逃避，也還有許許多多的生命功課要面對。父子和解的功課，我早已完成，但父親老病與死亡帶來的功課，我還沒走完，胸口這些不舒服的感受可以為證，我需要在接下來的日子裡，一件件去面對。

辦完手續、結清費用，騎車原路下山，途經一座福德祠，想起有次上山探視剛病癒的父親，他的精神狀態甚差，我所受衝擊甚大，曾在這裡大哭過。思及往事，我刻意停下車來，向祠內的土地公合十致意，感謝祂曾給我一片清淨地，讓我當時的悲傷得以自由流淌。

想想父親住在養護中心那些年，我竟然走過來了，真不容易呀！

下一個功課，是整理遺物。

這個功課我做過，那是在父親住進養護中心過後，我曾花一些時間清理母親遺物。

那時，母親離開已近兩年，全家人曾共同生活的家並無太大改變，井然有序與凌亂無章同時並存。

母親一直是這個家的主心骨，除了是我們精神上的支柱，也是生活上的，什麼東西放哪裡，多半她作主，只有她知道。

她的驟逝，整個家都亂了，沒有其他人知道她將證件、存摺等資料放在何處，辦理過戶、繼承等手續時，曾遇到不少困難。失了主心骨後，家中凌亂更甚，但父親無意改變，也不准他人更動家中陳設，一來他早已習慣這樣的生活空間，二來他也還未走出悲傷與失落（或許他永遠都沒有走出來）。

等到父親住進養護中心，我決心好好整頓家裡，將它打造成適合我居住的地方。

這個過程很煎熬，有些與父親有關——那似乎意味著他不會再回來，我的心裡有悲傷、內疚和不安。有些則與母親有關——家中四處可見她留下的東西。表面上，我是在清理外在的物品，實際上也在清理內在複雜的情感，畢竟堆放多年的並不是冷冰冰的雜物，而是活生生的記憶。

我想好好面對這個功課，細膩的體驗各種可能出現的感受，而不是倉促結束這個歷程。因此，在清理母親遺物時，如果觸動了悲傷、孤單等情緒，我便允許自己停下來，好好哭上一陣，並觀察淚水如何在我臉上流動。

兩週過後，該丟的丟了，該留的留了，我的內在也多了幾分力量。

父親走後，我又重做一次整理遺物的功課，原以為已有經驗，一回生，兩回熟，做起來會較為輕鬆、快速，沒想到每次經驗皆是獨一無二的存在，畢竟他們是不同的兩個人，與我也有不同的互動與交集。

在清理父親遺物的過程，只覺胸口愈來愈悶，呼吸愈來愈不順暢，來到臨界點時，我幾乎吸不到空氣，必須停下來，好好和自己在一起。

促成我停下來的，除了無法呼吸，還有一張紙。

父親是在夜裡離開的。當天一早，我接到通知，說父親病情惡化，必須轉到大醫院。那張紙，是轉院時醫院給我的資料之一，記載著父親入院時，身上已有的幾處傷口，它們各在什麼位置？範圍有多大？

**傷口部位：傷口級數，傷口大小（長×寬）**

左足踝外側：二，三．〇×一．〇

左足踝外側：二，一．〇×一．〇

右踝內側：六，三．五×三．〇

左手腕：不適用，一．〇×一．〇

薦骨：二，一．〇×一．〇

薦骨二：二，〇．五×〇．五

薦骨三：二，二．〇×一．〇

那些傷口，我早就知道了，只是那是第一次以如此科學、理性的方式，呈現在我眼前。轉院當下，手續繁多，我無暇細看，直到整理父親遺物，在經手這張紙時，忍不住停下來，多看幾眼。

那些傷口，我早就知道。過去幾年，到養護中心探望父親，常看到他身上有傷口，傷口幾乎都在手背與腳踝處。父親年紀大了，身體又不好，皮膚變得很薄，真可謂「吹彈可破」，稍有碰撞摩擦，便容易破皮流血。

有次父親生病住院，醫院為了讓我知道他身上的傷口是住院前就有的，並非院方造成，特地請我細看。

最震撼的一幕，是護理人員幫父親翻身，讓我看他薦骨上的傷口，在那一刻，我同時也看到昔日壯碩、可以騎腳踏車載我上山的父親，如今只剩下皮包骨，連要自己翻身都很困難。

這些傷口，都清楚記載在轉院當天的那張紙上，也都清楚烙印在我的腦海裡。

重看那張紙，過去幾年尚未處理完的情緒傷痛瞬間湧上，積累在胸口，我變得難以呼吸。我與那樣的自己相處好一會兒後，淚水開始落下，接著嚎啕大哭。與此同時，我覺察到淚水背後有許多悲傷、無助與無力。

那些傷口，我早就知道，但我不知道的是，過去幾年，我竟然有那麼多的無助與無力！

那些無助與無力是什麼呢？是只能眼睜睜的看著父親在受苦，我卻無能為力；看著他身上有那麼多處傷口，我卻無能為力；看著他愈來愈瘦弱，我卻無能為力……

這大概也是為什麼父親離開後，在看到他的骨灰那瞬間，我突然感到無比輕鬆。因為那意味著，他從那具軀殼中解脫了，再也不會有傷口，也沒有瘦不瘦弱的問題。他從身體的苦痛中解脫了。

哭完之後，胸口不悶了，呼吸順暢了，那些未處理完的情緒，也隨著清理父親遺物清理掉一些，我又可以繼續往下整理。

情緒其實就是這麼一回事，當它來了，便去迎接它，面對它，擁抱它，它自會以自己的節奏離開，消散天地之間。

能學會這些，真是一份好大的禮物，否則我早就垮掉，當年的身心症狀只會更嚴重，哪能像現在這般好吃好睡呢？

唯有感恩。

# 接納低潮

在父親的告別式過後，有朋友見我言行如常，問我：「是如何這麼快走出來的？」

我很詫異，因為我自認還沒有走出來，也不知何時能走出來，但由於未帶來困擾，我並沒有急著走出來的意思。我想慢慢走，細細體驗歷程中的一切。

有那麼幾次，悲傷猝不及防湧上。

一天夜裡，有人來按門鈴，是里長。他說，過幾天就是我父親的生日，他特地前來致意。我淡淡回答他，我父親前陣子走了。

悲傷瞬間湧上。

另一天下午，我在鍛鍊身體，有個

鍛鍊膝蓋的動作，讓我憶起我亦曾教父親以此鍛鍊他的雙腿。

悲傷亦瞬間湧上。

在這種時候，我都會停頓下來，好好感受悲傷，允許悲傷自由流動。通常，只要過了一會兒，悲傷便會自由離開。

悲傷並不困擾我，它想來的時候，我歡迎它，擁抱它，體驗它；它想走的時候，我歡送它。不逃避悲傷，也不沉溺悲傷，這便是自由。

而在父親離開快九個月後，有些悲傷之外隱而未現的議題，也慢慢浮上來。例如，驚嚇。

回想父親住在養護中心那六年，我其實是飽受驚嚇的，因為不知何時會接到電話，亦不知電話內容會是什麼。那六年，我一直處於「隨時待命」的狀態之中，身心是緊繃的。幸而日復一日的靜心，多少能釋放掉一些緊繃感。但不可避免的，仍有不少未覺察到的緊繃感積累下來。

這些緊繃感裡，就包含著驚嚇，之前一直沒發現。

父親離開之後，我在日常生活中常會對一些不大不小的事反應過度。細究之下，才意識到背後是驚嚇。它是怎麼來的？有一天，我在自我探索中偶然發現了。

那六年間，我常在半夜接到電話。白天接到養護中心的電話，可能是大事，也可能是小事。但半夜接到電話，只會是大事，而且是天大的事，生死交關的事。

在睡夢之中要迅速醒來，面對生死交關的事，這本身就會造成驚嚇。較理想的狀態是受到驚嚇後，好好驚嚇一番，驚嚇便不會殘留在身心系統裡。但我每次接到電話，根本無暇驚嚇，而是必須立刻決定要送哪家醫院？如果私立醫院沒床位，就得送公立醫院，而我也得即刻趕去。

有那麼幾次，是醫院打來的，說父親病危，要我立刻決定要急救或放棄急救？如果要放棄急救，需馬上趕赴醫院簽同意書。

這是更大的驚嚇。

面對這些突如其來的電話，我必須立刻用理性做出決定，驚嚇等情緒便一次次被壓抑下來，有些壓抑得太深，根本難以覺察。

我還清楚記得一個畫面：結束電話後，如果不必趕去醫院，我常會在床沿呆坐好一會兒，那大概就是驚嚇反應。幸好有這些呆坐的片刻，可以讓我與驚嚇稍稍相處，否則，日後積累的驚嚇會更多吧？

既已找到驚嚇的源頭，而手上又有那麼多熟悉的工具，靜心、自由書寫、冰山等，我遂一次次運用這些方法，重新面對當初未能好好面對的驚嚇，讓驚嚇以自己的節奏，離開我的身心系統。

在這段歷程之前，我曾認真做過多年生命功課，包括失去母親、照顧父親，那都是非常艱難的功課。父親的離去，又是新的功課，我感覺應該沒那麼艱難，可以較快走完哀悼的歷程。一來，我在父親生前認真做了父子關係的功課，他的離開，我沒有遺憾、後悔。二來，母親離開之後，我也曾陷入低潮，不到半年就走出來，一回生、兩回熟，再次經歷喪親之痛，我自認知道過程中會發生什麼？而我可以如何應對？

直到父親走後幾個月，我才逐漸明白：這是截然不同的生命功課，我低估父親的離開帶來的後座力了。我沒想到自己會陷入長達一年的低潮裡。

在那一年低潮期間，我常感到無精打采，做什麼事都提不起勁。常感到巨大的悲傷、失落與孤單，常長吁短嘆，常想念父親與母親，也常哭泣。

亞芸事後知情，驚訝的說：「你處在低潮裡，還能有這麼多產出呀？」她的意思是，我怎麼還能如常演講、帶工作坊、每週直播、錄製有聲課程、寫書？

那是因為，低潮對這些年的我而言已不太是個問題，我滿能接納它的。面對低潮最好的方式，是去體驗它，看看它想告訴我什麼訊息？想帶給我什麼禮物？如果逃避低潮，或急著從低潮中走出來，便會錯過重要的訊息與禮物。我在低潮中如常工作、生活，也細細去品味低潮，並領受這段歷程想給予我的恩典。

在低潮之中，我也一步步去尋找答案。父母同樣是我的至親至愛，為何失去父親，會讓我低潮更久？

尋找了許久，我逐漸發現，一者，我和父親的緣分比較長久，一共當了四十八年的父子。而我與母親，「只」當了四十年母子。

這個答案令我意外，它其實是非常簡單的數學題，我此前竟從未想過。意識到這點時，不禁想起一位我尊敬的老師，他曾告訴我，他的父親在九十多歲高壽過世後，他深陷多年哀傷與悲痛中，始終走不出來。

我當時聽了，有些不解，這位老師七十多歲了，什麼大風大浪沒見過？怎會深陷其中呢？更何況，他的父親如此高壽，豈不福壽圓滿？何悲之有？

直到我從自己的低潮中猛然意識到，他們可是當了七十年的父子呀！各種深刻、複雜的情感與互動，早已刻劃在骨髓中，流動於血液裡，頓時要抹去、抽乾，那是何其之難？何等之痛？

而我與父親，也是結結實實當了四十八年的父子呢！在宇宙長流裡，四十八年固然只是鴻毛之輕，在任何人的生命裡，卻都有著泰山之重。光是這份重量，就值得我在失去後，好好低潮一番了。

再者，母親過世後，我與父親相依為命，那種緊密的感覺，與母親還在世時迴然不同。

我的父母感情甚篤，他們皆健在時，不僅可彼此照應，且有餘力撥出一隻手，照顧我這個沒什麼生活能力的「媽寶」。

等到母親猝逝，家中的頂梁柱應聲斷裂，父親也因驚嚇過度，瞬間失去不少自我照顧的能力，我在毫無心理準備之下，得立刻扛起這個家，擔負起照顧父親的責任（當然，妹妹也常來分攤，但我與父親同住，於情於理，皆須承擔較多責任），這對於原本就與父親十八年不說話的我，是多大的衝擊與難題！

照顧，意味著雙方會有更多接觸，無論情不情願、喜不喜歡。買三餐給父親吃，是接觸。帶父親去看醫生，是接觸。為父親整理每天要吃的藥，是接觸。人在外面，不時接到父親打來的電話，是接觸。在父親入住養護中心後，我更是最常去看他的人，這亦是接觸。就算是父子吵架，也仍是接觸。而之前兩人十八年不說話，那是完完全全不接觸。兩者相去，何止千里？

接觸愈多，關係就愈緊密。但在關係緊密的當下，不太會意識到緊密，這是最弔詭的部分。必須在這段關係突然硬生生扯斷後，才會驚覺，原來，早已緊得密不透風。而這，勢必會造成巨大的失落與低潮。

如果事情顛倒過來，是父親先離開，我與母親相依為命，母子關係同樣會異常緊密，哪怕我早已成年，但內心深處，這仍會是一種類似單親家庭般的親子關係，彼此相依相存，當一方走了，另一方的世界立刻崩塌成廢墟，身陷長期低潮裡。

第三，母親的離開，對我打擊雖大，但我至少還有父親，儘管他到人生最後階段，說話不清楚，腦袋不清楚，徒有一具逐漸孱弱、冰冷的身軀。但那個身軀裝的畢竟還是他，我還是可以坐在他面前，看著他，聽著他，摸著他，抱著他，感受他如此具體的存在。

而後，當他的呼吸、心跳停止，肉身消散於天地，只剩再也認不出面目的骨灰與頭蓋骨，我從此成為無父無母的孤兒。正是這份徹底、全然的「孤兒」之感，讓我掉入低潮之中，久久回不過神來。

除非走得比父母早，絕大多數人遲早都會成為無父無母的孤兒。儘管我已成年，甚至已來到中年，成為無父無母的孤兒的衝擊仍甚大。那是一種飄浮無根的感覺，像斷線的風箏，像鳥兒，像雲朵，哪裡都可以去，哪裡也都可以逗留，的確變得輕鬆而自由。

但飄浮無根的另一面是，我不知道要去哪裡，也不知道要待在哪裡，歸屬感、安全感、確定感忽然不見。儘管我還有其他家人、親戚與朋友，他們待我也甚好，但我仍常感覺孑然一身，四顧茫然，無依無靠，只因生我養我的兩人都走了，我來到這世上的通道崩毀了，回首來時路，只看見煙水迷茫，不見那熟悉的人兒。

原來，父母一直是我的根，但也只有在他們都走了之後，我才真真切切感受到，他們在哪裡，根就在哪裡。無論我去哪裡，都仍有一條無形的線繫住我，那既是牽絆，也是退路。

二〇〇二年，我二十八歲，離開任教的高中到台北謀職，一找就是一年半，工作無著，積蓄無存，走投無路之下，撥電話回家，是父親接的，當時我們已多年不講話，我硬著頭皮說明自己的窘況，只聽見他輕輕一句：「那就搬回來住吧！」

於是，我回到了我的根，蝸居半年後，考上清華中文博士班，人生重新再出發，這不正是根的意義嗎？

只要根還在，看似枯萎的樹，就有逢春的可能。

二〇一〇年盛夏，我三十六歲，從博士班畢業兩年了，投了無數履歷，還是找不到大學專任的工作，我決定放棄不找，此後人生茫茫，不知何去何從。我仍舊待在家裡，父母對我都很接納，不曾有過一句微詞，我因此才能逐漸長出力量，幾年後脫胎換骨，蛻變而出。這段歷程，我已寫進上一本書《重啟人生的17個練習》。

在我人生最低潮，無路可走的時候，父母就是我的退路，我的根。當他們都走了，我還能退去哪裡呢？難怪，常會有一種飄浮無根的感覺。

父親走後，我成了無父無母的孤兒，像是一縷遊魂，每天飄飄盪盪，不知何往。托勒「回到當下」的提醒，對我幫助甚大，只要覺察到思緒又飄到過去或未來，我便會有意識的回到呼吸，在當下扎根。

此前四十八年，父母曾是我的根沒錯，但在他們離開後，我可以，也必須創造自己的根——當下。不，那其實不是我創造的，當下一直都在那裡，哪怕父親還在世的那些年，當下始終都在，我需要做的，只是一次次覺察到它，讓自己更加扎根在當下。

這並不容易，我在空中整整飄浮了一年。直到某天早上，我如往常般醒來，感覺卻與往常不同，我感覺自己雙腳牢牢踩到地板上，不再飄浮無根，我走完低潮的歷程了。

# 探索遺憾

母親猝逝後，我有種種遺憾，所以努力與父親和解，希望父親走後，我能了無遺憾。我以為自己做到了，誰知，遺憾卻如蔓草般，逐漸在生活中滋長著。

與一位朋友聚餐，聽她細數為住在養護中心的母親爭取多少權益，我心中忽有一股遺憾升起：如果我當年也能為父親多爭取一些……

與一位醫界長輩聊及父親當年某次住院的往事，她逐一指出，哪些是醫院不能強迫病人與家屬答應的？那一瞬間，我的遺憾又湧上了：我當年怎麼不知道這些呢？讓父親白白受苦。

由於工作需要，我常拖著行李箱在

台灣四處跑，騎樓地面高低不平，最讓我感到不便與困擾。父後一年多，有次到台北工作，同樣在騎樓拖著行李箱行走，卻驚覺一路都是平坦的。怎麼回事？上網一查，方知台北市曾斥資數億，整平百分之八十四的騎樓。再查其他縣市，也都有「騎樓整平計畫」，包括我和父親所居的城市。

此時，我的遺憾又上來。想起父親住在養護中心期間，有次我陪他搭計程車到市區配眼鏡，騎樓地面高低不平，原本就已步履蹣跚的父親，走起路來更艱難，一段三分鐘的路，他走了整整半小時，他感到很挫折，此後好一陣子，絕口不提搬回家住的事，因為他希望能生活自理，不想給家人帶來不便，而這個期待顯然落空了。

唉，如果當時我已知道有騎樓整平計畫，也許可為父親向政府提案，整平住家附近一帶的騎樓？

這類遺憾，三不五時便會在生活中冷不防冒出，除了感嘆，我還能做些什麼？

我可以好好探索遺憾，認識遺憾。

常聽人說，要如何如何，才不會留下遺憾。彷彿我們能預知未來，知道哪些遺憾會發生，哪些不會。也彷彿我們能充分掌控人生，不讓遺憾發生。

直到父親離開，遺憾接著一個遺憾湧現，我才意識到，原來，遺憾是防不勝防的，也不是我能預見的，無論事前做了多少努力，它還是可能在你意想不到的時候與地方突然出現。

那麼，遺憾是無可避免的嗎？倒也不是。

不希望有遺憾，意味著希望完美。例如，在照顧父親這件事上，我常希望自己能做到最好。「最好」，即意味著完美。就算無法做到最好，至少能做得更好。「做得更好」，意味著接近完美。

細思之，這是不合理的期待。所謂完美，只是我們的想像，只存在我們的頭腦中，現實生活中並不存在。至少，不會有完美的人，完美的人生，完美的關係。

例如，什麼是「最好」呢？要照顧父親到什麼程度，才是「最好」？退而求其次，什麼是「更好」？要拿什麼做標準呢？跟我那位盡心盡力為母親爭取權益的朋友相比？那永遠比不完。

期許自己能早一點知道所有可幫助父親的資訊？像是醫院不能強迫病人與家屬答應哪些事？又像是騎樓整平計畫？這未免強己所難，我怎麼可能知道所有資訊呢？讀過一本好書《照顧別人，是一門不可能完美的藝術》（*Tender*），光是書名就深得我心。

因此，會有遺憾發生，源自於我希望完美，希望自己能做到當年做不到的事。如此看來，遺憾並不是一定會有，也不是向外做些什麼事就能完全避免（因為永遠做不完），我能做的，是轉身向內，檢視自己有哪些不合理的期待，並學習用豐富的眼光，看事物的全貌。

是的，在照顧父親這件事上，我的確有不少做得不夠好的地方，但我也有許多做得很不錯的地方呀，我能看見並欣賞這樣的自己嗎？

二〇一八年八月，我出國前夕，正在北部與幾位朋友聚餐，談笑間，突然接到養護中心的電話，說父親的進食能力大為退化，接受醫生評估後，可能會開始插鼻胃管度日。我聽了，不禁長嘆：「這麼快呀！他的人生，就要進入下一個階段。」

父親住的養護中心共四層樓，一、二樓住著尚可自由移動的老人，或健步如常，或輪椅代步；三樓住民則是插著鼻胃管，一天二十四小時都躺在床上。若父親需插鼻胃管，那便意味著他將從二樓換到三樓住，從坐著變成躺著，此後他的人生，全無生活品質可言。

養護中心的電話言猶在耳，隔天凌晨，父親便因高燒送醫，這一住院就是兩週。歸國後隔天，我正要去醫院看他，他卻出院回養護中心。這一切都來得太突然，太難料，面對無常，我需要學會如常以對。

再去看他時，他仍坐在輪椅上，唯臉上多了鼻胃管，人也消瘦一些。回想幾個月前，他還能走路，還想著回家看看，轉眼之間，又是住院，又是插鼻胃管，他大概很難再站起來了吧！我不禁又是一嘆。

我向父親提及，養護中心想為他換房到三樓的建議……。話語未完，父親便堅定拒絕了，看來他心中早已有定見。

養護中心知情後，轉而向我提議，晚上就讓父親住三樓，以便照顧，白天則仍舊在二樓活動。我想了一下，說：「我想先問過父親的意見。」

父親拒絕。

看著他堅定的搖頭，我心裡突然也堅定起來，畢竟父親擁有的自由不多了，在這件事上，我想支持他的選擇，讓父親繼續住在二樓。

兩週後再去看他，我們如往常般閒聊，他理了一個大光頭，看起來格外精神，我很意外他的頭型如此好看，儼然道行高深的僧侶。我摸摸他的頭，將我的觀察告訴他，他笑了。

將近一個小時的相處，愉快極了，但似乎有哪裡怪怪的，我說不上來。

老人們的晚飯時間將至，我向父親道別，離開。走至電梯口，我突然知道怪在哪裡，興奮的折返，看著他不解的眼神，我問：「你現在可以自己吃東西啦？管子拔掉多久了？」

他的光頭太耀眼了，我竟不曾注意到那根已經不在的鼻胃管。

這也是無常吧？當我以為他就要進入人生的下一個階段了，轉眼間，他卻「決定」在這個階段多待一些時日。面對無常，我能怎麼辦呢？只能如常以對。

試想，如果我一開始聽從養護中心的建議，讓父親在插鼻胃管後，從二樓搬到三樓住，他很可能從此躺在床上，插著鼻胃管，永遠沒有自行進食、坐回輪椅，乃至站起來走路的一天。想到這裡，我不禁倒抽 口冷氣。

事實上，我是有權力幫父親做決定的，包括每年要不要打流感疫苗、他生病時要送哪一家醫院等，都是我直接為他決定。很慶幸在換房與否這件事上，我有先徵詢他的意見，並選擇與他站在一起。這並不是容易的事，有時會遇到強大阻力，或必須面對嚴峻後果，我做得很不錯了。

與另一件事相比，換房帶給我的挑戰只是小事。

父親住在五人房，每人一個床位，每個床頭皆有一個求助鈴。父親不喜歡麻煩別人，從未按過。我多次勸他，有需要就按，但他堅持凡事自己來。

有一天，他想下床走路，不小心跌坐在地，被扶起後，左腿疼痛難行，到醫院檢查，腿骨有裂痕，需要開刀。他原本還能自行走路，開刀後又得重新坐回輪椅，連站起來很困難，更別說要走路。

手術成功後，父親搬回五人房療養，養護中心建議約束他的手腳，以免半夜起床跌倒。我問父親想法，他堅決反對。我心想他所剩自由無多了，如果手腳再被綁起來，睡覺時連翻身、抓癢的自由都沒有，這樣活著，還有什麼意思呢？

但我也知道養護中心之所以有此提議，一來擔心父親安全，二來為了避免院方必須擔負父親跌倒受傷、甚至死亡之責。因此，我向他們表達願意簽署切結書，如果父親睡覺時因未約束而發生意外，責任在我，與他們無關。

本以為我願意簽切結書，事情就告一段落，沒想到養護中心的護理長在電話中，仍舊頻頻勸我要以父親的安全為重，不要輕易冒險。我很生氣，難得拉高嗓門大吼：「安全很重要沒錯，但當事人的意願也很重要！我希望我爸爸至少在睡覺時，還能有翻身、抓癢的自由！他自己也這樣希望！

「如果你老了也遇到這種情況，你願意被約束在床嗎？你一直說他『可能』會在半夜起床時跌倒受傷，但那只是『可能』，你有給他機會證明他不會跌倒嗎？他沒機會證明自己，就要被綁起來，這對他太不公平了！

「我會簽切結書，有什麼後果，我會承擔，不會牽連你們！」

或許是我的態度堅定而強硬，養護中心最後同意讓我簽下切結書，不約束父親，後果由我負責。

簽下切結書時，我並不知道日後會發生什麼事？或許父親果真跌倒受傷了？甚至因此亡故？我會承受多少來自親友間的責難？這些都是我必須承擔的後果。為了捍衛父親僅存的微小自由，我願意為這些風險、後果負責。

看到我為父親做的這些，亞芸曾感嘆：「你爸爸一定不知道，你在外面為他承擔多少事？」

簽下切結書後，父親不曾再跌倒，我賭對了。

這真的是賭，因為他有可能跌倒，也有可能不跌倒。試想，如果我一開始就聽從養護中心的提議，將父親約束在床，他連證明自己不會跌倒的機會都沒有，他就得白白受苦。

在這件事上，我做得太好了。

當我去探索遺憾背後的本質，並且用豐富的眼光看待人事物的全貌，遺憾還是在，但比較釋懷了。釋懷意味著，在照顧父親這件事上，我能放過自己，能比較接納自己在某些地方做得不夠多、不夠好，並且看見自己做得夠好之處。

# 和解是一種選擇

二〇二四年八月初，我應「舞象基金會」之邀，與崇建在線上對談，主題是：「父親節對話——給曾受父愛創傷的你」。對談過後，我對自己與父親的那段冷戰史，有一些新感觸。

回首前塵，我會與父親十八年不說話，並不是我們之間有什麼深仇大恨，而只是因為我們逐漸習慣以不溝通為溝通，以不表達為表達，冷戰久了，遂成陌路人。

在不溝通、不表達之前，我們會相互指責，對彼此說教。指責很累，說教又無效，慢慢的，我們才開始沉默、冷漠，不再理會對方，那是相對比較「舒適」，而且不會造成衝突的方式。只是我們都萬萬沒想到，一旦習慣待在這樣的「舒適區」，就不想離開。

反觀崇建，他當年跟我一樣，也會不理爸爸，但他的爸爸從來不會不理他，反而會持續以言語表達對他的愛與關心。

這在我的原生家庭中，是完全沒有的。我猜，這在父親的原生家庭中也沒有。他無法給我他不會的東西，不是嗎？如今的我，對父親已無埋怨或責怪，他已盡力做到他能做的。

我和父親當年的許多衝突，現在看來，都是微不足道的小事，只是我在學校的課業與成績。可惜我們當年眼界甚窄，誤將這些小事當成大是大非、生死攸關的大事，不惜要跟對方拚命。

久之，誤會漸多，隔閡日深，渾然忘了世上還有比這更重要的事，像是親情。

有朋友聽了我與崇建的對談後，問我可以做點什麼事，讓這類遺憾不在更多家庭發生呢？

我回想年少的自己，也回想這些年與許多孩子談話的經驗，我發現，大人只需要做一件事，即可避免這類遺憾。

了解孩子。

每個孩子都渴望被大人了解，可惜大人對於了解孩子興趣缺缺，只想解決問題，只想讓孩子聽話，這正是許多遺憾的源頭。

這些年，我與許多孩子談話，我跟他們素昧平生，但他們很快就願意對我敞開心扉，因為他們發現，我是真心想了解他們。

最奇妙的是，談話到最後，孩子往往會反過來請我針對他們的困擾，提供建議或方法。我不一定有好的答案可以給他們，但我因此看見孩子其實很想向大人求助，是大人的高高在上、專斷獨行、不願了解他們，讓孩子不再向大人求助。

曾有一位年輕女孩找我談話，她是我的學生。女孩那陣子吃不下、睡不好，她感覺自己太緊繃了，想聊聊放鬆這個議題。

我問女孩，這些情形從什麼事開始的？發生什麼事？

女孩說，是之前的課業壓力。

說起課業壓力，女孩滔滔不絕，語速甚快，我除了專注聆聽，也以比平常更慢的語速回應她。

女孩有注意到我的慢，我問她：「我這麼慢，你會困擾嗎？」她說不會，反而能讓她整理自己。

「以前課業壓力大，有過放鬆的經驗嗎？是如何放鬆的？」我問女孩。女孩說，會藉由吃與睡來放鬆。

我心想，這也難怪，如今吃不好，也睡不好，當然更難放鬆了。我想提供女孩第三種放鬆的選擇：與自己連結。

在體驗與自己連結的過程中，女孩有接受，也有抗拒。我尊重她的選擇，不勉強她，但對她的抗拒有好奇。

女孩說，會有許多情緒上來，她不想如此。

我更好奇了，課業壓力期間，也常有情緒上來嗎？也常不允許自己有情緒嗎？女孩說是。

如今，課業壓力過去了，怎麼還不允許自己放鬆、有情緒呢？女孩說，她還有未來要煩惱呢，她對未來很困惑。

然而，與其說女孩對「未來」感到困惑，不如說她是對「大人世界」感到困惑。年輕女孩對「大人」極為不滿，認為「大人」把世界搞成這個樣子，卻要讓年輕一代收拾爛攤子。

女孩義憤填膺，語速較之前更快，幾乎每句話都以「你們大人」開頭。「你們大人」應該也包括我，但我沒感覺到任何不舒服，一來我同意她的部分觀點，二來我對她的內在有好奇，我想多聽聽。

女孩聲情並茂講了半小時後，突然安靜下來。幾分鐘後，我問她：「怎麼了？」

女孩說，這是她這輩子第一次跟大人說這些。

這句話聽來耳熟，不少孩子或像她這樣的年輕人都對我說過。

我不一定能解決他們的困難，更無法改變這個讓他們不滿、困惑的大人世界，但我至少可以傾聽與對話，可以好奇他們，了解他們。

兩天後，女孩傳來訊息：「談話過後，睡得很舒服。」

我不禁感嘆，我只是這個年輕女孩的老師，只是與她談話一次，只是嘗試去了解她，就能對她小有幫助，如果她的父母或師長也能如此，對她的幫助會更大吧？

就像當年，如果父母或老師願意了解我，我對許多事情的看法與做法，未必會那麼堅持，也不會硬要跟他們對著幹。

這也是為何我在高中留級之後，會被新的班導師「收服」。他很嚴厲沒錯，但他會想了解我，也會表達對我的關心與支持，這是我當年在父母與其他老師身上較少感受到的。

這類遺憾是可以避免或彌補，我在學習薩提爾模式與托勒後，與十八年不說話的父親和解了。

日後，藉由上千場演講與工作坊，我也目睹許多家庭的感情更緊密。「了解對方」，的確是增進家庭關係的一把鑰匙。

以上所述，皆是大人可以做的。而在家中居於弱勢的未成年孩子，面對不願了解孩子的大人，可以怎麼做呢？

最好的方式，或許是向外求助。

幾十年前的社會較封閉，資源較少，但對於我這樣的青少年而言，至少還有學校輔導室、張老師、生命線等地方可以求助，我便曾因感情困擾向學校的輔導室求助。

現在的資源比以前豐富許多，加上網路普及，要找到合適的資源，太容易了。比較困難的，反倒可能是孩子的「求助意識」。孩子需要知道，在親子關係中遇到的問題，大多皆可藉由向外求助來改善、解決。而向外求助並不是軟弱的行為，而是勇敢的表現。

如果我可以給孩子什麼建議，那便是：「大膽求助吧！你們可以不必像我當年一樣，常感覺自己在孤軍奮戰，常一個人在對抗大人與世界。」

關於和解，這幾年我在各地演講、帶工作坊，常被問到以下這些問題：

## 一、我家的〇〇和〇〇也很多年不說話了，我可以怎麼做，才能讓他們也像你和你爸爸那樣和解呢？

遇到這樣的提問，我通常會先詢問：「他們想和解嗎？」我得到最多的回答是「我不知道」，其次是「他們不想」。這似乎也反應了一種普遍現象：許多人已習慣將他人的責任扛在自己肩上，忘了自己原本的責任。

舉例來說，在家庭中，父子兩人長年不說話，這是父子兩人的責任，並不是家中其他人的責任。

其他人努力促成父子和好，這是善意，也是人之常情，卻是在無形中為父子兩人承擔責任，這樣一來，父子就不必為自己負責了。這並不是一件好事。

當然，看到家人長年不合，不免會感到憤怒、心疼、不捨、難過或是糾結等，但這些感受是我們的，我們需要為自己的感受負責，而不是藉由對方改變，讓對方為我們的感受負責。

將對方的責任還給對方吧，讓對方為自己的人生負責。同時，我們也扛起自己的責任，為自己的感受、期待負責。

我們依然可以繼續與雙方保持友善關係，向他們表達關心，但無須介入他們的關係。

回想我與父親冷戰十八年期間，母親屢屢想當調解者，希望我與父親和解，但總是徒勞無功，她自己也感到筋疲力竭。直到她走後，我有意願想與父親和解，才有接下來的歷程。

因此，面對不合的雙方，最要緊的是尊重他們的意願。如果兩人之中，至少有一人想與另一方改善關係，我們或可鼓勵他去參加一些溝通、成長課程（我自己所學有限，只能推薦我曾學過且受益甚多的薩提爾模式），但仍舊尊重他們是否有參加的意願。

## 二、我也想和爸爸（或媽媽）和解，我可以怎麼做？

你可以去參加一些成長、溝通課程，先改變自己，進而在你的能力範圍內，嘗試與父母和解。

因為和解是雙方的事，不能一廂情願。如果我想和解，而對方沒有意願，就先接納這個現狀吧！

我想和解，那是我的期待，不意味著對方必須滿足我的期待，接納對方有選擇和解或不和解的自由，這是對於對方的基本尊重。

而後，回來照顧自己的失落。照顧自己的內在，永遠比改變對方、勉強對方符合我的期待來得容易且重要。

## 三、與父母和解，容易嗎？

這不是一個容易回答的問題，每個家庭、每對親子的情形都不同，有些家庭、親子的糾結特別複雜，可能還涉及到家暴、遺棄等議題。

相形之下，我與父親之間就單純許多。我小時候，父親很少打我，也不曾遺棄我，相反的，我還常從他身上感受到滿滿的愛，這也為我們日後和解提供珍貴資源。

儘管如此，和解過程依然困難重重，我們父子疏離已久，彼此互動模式早已定型，要想鬆動，甚為困難。

或許是我運氣較好，也許是我很努力，總之，當我決心與父親和解，和解之輪便開始轉動。要花多少時間？能和解到什麼程度？當年我並不知道，但我願意一試。

和解容易嗎？與其這樣問，不如自問：「我想和解嗎？我願意給彼此多久時間、多少機會來和解？」

**四、可以不和解嗎？**

當然可以。和解是一種選擇，可以選擇和解，也可以選擇不和解。接納自己的選擇，也接納他人的選擇，不強迫自己和解，也不強迫他人和解。

就算選擇不與對方和解，我們仍可選擇與自己和解，放下內在的憤怒與怨恨。這些憤怒與怨恨，只會讓我們持續受苦，並無好處。

但需要注意的是：與自己和解，很難藉由對自己說教，像是「我要放下」、「我不再怨恨」等來達成，而是必須學習新方法，幫助自己打從心底真正放下，不是只在頭腦、理性層面告訴自己要放下。

那麼，可以不與自己和解嗎？當然可以，沒必要勉強。先接納自己目前的狀態吧，這是對自己的慈悲。

附錄一

# 〈鄉土之祭〉

望著流水似的風景，呆坐在父親的廂型車中，我又回到這片土地。

這是一塊山坡地，座落在群山之間，坡度雖陡，但還算得上肥沃，是祖父留給父親的，並不特別醒目。本來只是荒蕪一片，但在父親三十年的慘澹經營下，坡上已有小路可循，荒地也蛻化成一片果園，種植著文旦和龍眼。父親對這裡已有著深深的依戀之情，平常週末或假期時，總情不自禁的返回這裡，持續著三十年來不變的工作。

小時候家裡窮，交通工具只有一部腳踏車，每當父親載我上山，沿途就講述他的童年往事與三十年歲月。仗著年少的幼稚，我總在聽聞之餘回應以一臉的茫然與無知，默默對著茂密的森林與稀疏的白雲，似懂非懂的笑著。後來年紀漸長，父親體力日衰，腳踏車已無法承受我的重量，於是我不再前往，從此就漸漸陌生了，除非有時父親提起採收的事，否則孩提的記憶早已模糊。

這次來其實是個偶然，因為父親在買車前一直是單打獨鬥的，一部腳踏車、一根扁擔、每個週末、五公里的路程，數以斤計的水果就在他的肩膀與四肢下運回，然後賣出，雖然所賺的錢並不足以幫助家計，但他還是年復一年完成這項例行公事。

買車後，他還是孤獨的在果園裡忙碌奔波，直到中秋數天前，颱風席捲而來，父親面有難色，原來是惟恐果園遭受波及，急需人力支援，我自告奮勇，願同上山採收，我也才因此又回到這裡。

下車之後，一大片的樹海赫然眼前，一陣涼風襲來，大有「快哉此風」之感，身後是聳立的竹林，竹林後是條淺溪，溪水仍潺潺流著，這些曾經熟悉的，如今又再一次勾起那記憶中的溫柔，只是溫柔之中，些許的生疏也爬上心頭。

採文旦可以用水果剪和手折兩種方式，但是無法用機器，有些現代化工具並不能給傳統帶來任何助益。父親教我如何使用手指把蒂撥掉，然後安然無恙的取下文旦。採文旦最忌用力過猛，否則油流出後即會傷害文旦表皮，表皮呈色有瑕疵賣不出好價錢，現代人都是注重表面的，表面不佳則其他又何足道哉？

文旦樹的樹幹又矮又硬，樹枝而且有刺，踩在陡達四十五度的坡度上真如虎尾春冰，稍有不慎即有掉下之虞，對我而言不啻是一道難題與挑戰。但是除此之外，卻別有奇趣。強勁的山風遽然打在樹葉上的聲響，彷彿海浪洶湧前來，重重的予岩石一擊，頗為壯觀逼真，令人不禁想起蘇軾的那句「有情風萬里卷潮來，無情送潮歸」，而有豁然開朗的頓悟。只有身歷其境的人，才能有這種感覺。

父親不斷來來返返挑下一筐筐的文旦，卻帶給我一種迷惑：父親已逐漸老去，在老去的肩膀上，也許目前還扛得動幾十筐六十斤的重擔，但將來有一天他再也扛不動時，這個重擔將由誰重新扛起呢？我只有麻木的眼神和無力的膀子，我是扛不起的。

也許他正視過這個問題，也許他也自知壓在肩上的不是豐收的喜悅，而是祖先沉重的託付。但事實是令人無奈的，在城市成長的新生代，對於鄉土已經沒有任何感情因子，除了陌生，還是陌生。我與鄉土有天生性的隔閡，加上後天已疏離太久，父親那一代僅存的依戀之情，在我身上已了無痕跡。

也許是人各有志，也許是時代變了，克紹箕裘這名詞似乎早該消失，不應成為一種包袱，當上一代仍沉緬於往昔的緩慢步調時，下一代已陶醉在都市叢林的激烈節奏裡，這正是周夢蝶所說的「或然之必然，偶然之當然」，一切都是無可避免的，人類只能不斷前進，無法退後。

如果有一天驀然回首，發現這裡不再是父親的了，也不是我的，我或許會遺憾，但終究不會後悔。

天色已暗，山野中的天籟此起彼落的唱和著，已近月圓時，沿著山坡中的小路走下，秋風拂來，除了晚意，也有一股涼意，樹林下的月光稀稀落落，像片片的羽毛，有時也隨著樹葉的搖動而改變。上車後，逐漸遠離，望著濃墨的天邊，我向它揮別。

羅志仲

（本文為《八十一學年度中小學學生寫作獎得獎作品專輯》，高中組佳作）

附錄二

# 那場告別式

# 一、原來，這就是失去

何亞芸

與幾位朋友參加志仲老師爸爸的告別式，儀式簡單莊重，也許正因為儀式被縮減到最少，我反而更能專注。我以為我是去陪伴活著的人，沒想到，我當天卻流了比老師更多的眼淚。

我就算是在敬愛的師長乃至家族長輩的告別式上，也沒有流淚過，因此，取而代之的是不知所措和濃厚的尷尬感。

我淚眼汪汪的看著那張照片上，我僅見過他一次的老先生。

那次見他，是在幾年前，受老師之託載他去醫院看羅爸爸，羅爸爸躺在病床上，神智清醒，乾瘦的臉上鑲著一雙有神的眼睛，那時的他精神看起來還不錯，一眼就認出了兒子，像剛學會認人的嬰兒，自我們踏入病房，映入他眼簾，他的視線就停在老師身上沒離開過，完全沒意識到兒子後頭拖了一個小跟班。

簡單介紹後，他模糊的「嗯」了幾聲，便轉向他的重點，用沙啞牽黏的聲音向老師表示住院沒用！他要回去！

老師到護理站去詢問父親病況，病房內，留下一老一少相互對看，空氣中的消毒水味在此刻顯得特別刺鼻，皺紋滿布的臉上看不出是否有尷尬。

我倒是挺尷尬，實在不擅長面對這樣的場面，我有點侷促的走到他的右邊，瞥見病床旁的櫃子上放著水瓶，便用閩南語問他：「阿伯，要喝茶嗎？」

「好啊，在這。」羅爸爸有帕金森氏症，他伸出嶙峋的右手，邊抖邊指向鐵櫃上的水瓶。

我拿下水瓶遞給他，他雙手捧著水瓶，卻仍然顫動不止，我看得出他很用力想穩住雙手，但雙手就是不聽使喚，抖個不停，怎麼樣也無法順利將吸管靠近嘴巴。

「要幫忙嗎？」雖然不知道會不會牴觸到他的自尊，但我還是下意識的問了。沒想到……

「要、要、要。」彷彿早等著我問這句話，帶點感激的語氣連聲回應。霎時間，我對眼前的老人泛起心疼。

那僅是我的舉手之勞，他卻用盡力氣也徒勞，那真是一種掙扎，卻也是種臣服。我難以想像，他就算是住在養護中心裡，一天之中要面對幾次這樣的掙扎？

我心裡也有驚訝：咦？根據老師在課堂上形容的羅爸爸，是一位固執、不喜別人幫忙的大男人呀，怎麼我一問，他就說好？

我剛接過水瓶放好，就見老師回來，走到床邊，將護理師告知不能出院的原因給羅爸爸背過一次。羅爸爸哪有管什麼原因不原因，就是認為自己已經退燒，可以出院。老師便再複述一次原因。父子倆就這樣一來一往，僵持不下，直到兒子停下，轉個話題。

那天，也是我第一次見到老師人性的一面。我們一同步出醫院時，我問他：「老師，你上課不是說超理智多半沒用嗎？怎麼你剛剛還是一直跟你爸爸說那些原因？他看起來就是沒想要聽那些，不是嗎？」

老師苦笑了一聲：「是啊，因為他是我爸爸嘛，我會有慣性。」是啊，走下講台的老師，也只是一名努力照顧父親的兒子。

告別式的現場，我看著既熟悉又陌生的照片，在心裡說：「阿伯啊，你還記得我嗎？我是那個古錐古錐的查某囝仔。你現在無病無疼啊，身軀也無插管。真多謝你，生一個這麼好的兒子乎我做老師，伊真正教我很多，伊也幫助很多人，你以後在天頂看就知影。你放心去，阮活著的人會互相照顧，好好活下去。」

那真是心裡話，無以名狀的眼淚還是一陣陣湧上，浸溼半片口罩，我複述著這些話語，直到搖鈴聲由遠而近，司儀要我們全體起立，轉過身去，羅爸爸的棺木要進場了……

原來，這就是別離，這就是失去……

原來，過去的我，未曾哭泣，並不是不悲傷、不失落，而是繁複且不解的儀式將我帶離自己，那些未曾流出的眼淚，都在那天有了傾洩的機會。

多謝羅爸爸，多謝老師，讓我上了生命這一課。

# 二、無以言喻的悲傷

陳蘊茹

「孤單若來到異鄉，不時……」

不遠處傳來斷斷續續的旋律，愈靠近目的地，歌聲愈顯清晰。

「叫著我，叫著我，黃昏的故鄉不時在叫我……」

這是一首老歌，很老很老的一首歌，老到讓我想起小時候大舅在家時，客廳的「拉吉歐」總會播放一些我聽不懂的歌。

在這個場合聽到這首歌有點突兀，周遭充斥敲鑼打鼓、嗩吶及經文唱誦聲，這首歌卻鮮明在我腦海盤旋，不禁跟著輕聲的哼著旋律。

這是已逝大舅很愛的一首歌，另一首是〈可愛的馬〉，大舅是我小時候少數讓我感覺被呵護、照顧的一位長輩，雖然他常常不在家。

這個廳不算大，照片兩旁布置了滿滿一盆盆典雅的蝴蝶蘭，兩旁牆上沒有掛滿代表排場的政商名流輓聯，一排排鋪著黃稠絲緞座位上，也沒有穿背心的×××辦公室主任或助理握手寒暄，案堂前沒有穿著華麗袈裟一字排開的師父做法事或唱誦經文。只見桌上供奉三寶佛像，一籃鮮花、一籃水果及裊裊升起的沉香煙，對比外面及其他靈堂吵雜的喧鬧聲，這裡顯得靜謐及安寧許多。

前方有個小巧的國樂團，有長笛、二胡等弦樂器，還有我最愛的古箏，輕聲彈奏一首首耳熟能詳的樂曲，嗯……好簡單溫馨的告別式耶，沒有以往在這種場合令我覺得不安與懼怕的氣場。

這樣的氛圍讓我可以放鬆、安靜的坐在位子上悄悄的環顧四周，禮堂中間照片的長者有似曾相識的熟悉感，但我們卻從未謀面。

右前方的幾位長者在座位上輕聲交談，看起來個子不高、短髮微鬈、衣著款式頗為純樸的婦人，散發一股敦厚的氣質，應該是山上的小姑姑。

個子有點高，側面輪廓跟前方的照片有點相似，那是其中一位叔叔吧！進進出出、來回不停走來走去，留著俏麗短髮、穿著布鞋、背著後背包，好青春的背影，那是妹妹嗎？那個身高特別突出又很安靜的少年，是他嗎？長這麼高啦！

看著這些故事中的角色在現實生活中出現，有種莫名難以釐清的心情，視線再次回到前方照片停留著，凝視著照片中的長者時，突然眼眶泛紅，心裡被觸動，決定對著照片表達我的敬意與感動。

羅爸爸您好：

我是蘊茹，您雖然不認識我，但我知道好多好多您的故事喔！

我是您兒子的學生，在人生最困頓、最糟糕的時候遇見他，當時我深陷谷底，靈魂好像被綁架，整個人了無生氣，每天不知所措、對未來沒有任何期待、全身都是病痛、生活充滿了無力與無奈，一點活力都沒有，也不知道人活著有什麼意義，唯一能讓我有點笑容及動力的是，兩個年幼的孩子。

從那之後，我開始上老師的生命故事寫作課以及各種陪伴、自我照顧的課程，在我卡關時老師總是耐心的陪伴我，無數次的跟我談話，一次一次的帶我走出黑暗迎向光亮。

老師也陪伴我的孩子度過人生許多重要的關鍵時刻，畢業時、重考時、茫然時、甚至失戀時，他第一個想找的也是志仲老師。

老師慧眼獨具的發掘我的長處及特質，讓我跟著他到處學習，他帶了非常非常多的學生喔，很多人跟我一樣，上課後重新認識自己，也找到能安頓自己的方法去面對生活中諸多的困難與挑戰。

他真的很了不起，如果您知道他影響了這麼多人，一定會感到很欣慰也很驕傲，雖然我不認識您，但很榮幸能參加您的告別式，謝謝您和羅媽媽孕育了一位貴人來幫助很多人。

沒多久儀式開始，司儀唱名請公祭單位及親朋家屬上前致敬，前面的禮儀師整齊的比劃著獻花、獻果的手勢，座位上的人群慢慢往前移動後，鞠躬敬禮，然後緩慢走回座位。

純樸的婦人回座後，悄悄的拭淚，坐在一旁的男人，輕輕的拍著她的肩膀，婦人一邊擦眼淚，一邊也輕輕點點頭回應，這樣簡單的舉動讓我好觸動，原來家人之間不需過多言語，也可以這樣默默支持與陪伴。

儀式尾聲，所有家屬跪在前面拜別，看見那位青春單薄的少女肩膀不規律上下擺動，似乎是強忍眼淚抽泣著，無聲的眼淚更是令人悲痛，似是有許多苦只能獨自承受，不知道跟誰說或該怎麼說，無以言喻的悲傷……

儀式結束送行時，緩緩走在隊伍尾端，看著老師穿著海青的顯眼背影，略顯雜亂的頭髮……。此後，老師是孑然一人了，此刻，悲傷與孤單悄然湧上心頭，彷彿看到十幾年前我強忍悲傷送走爸爸的那一幕。

# 三、至深的祝福

吳周平

二〇二二年三月二十九日傍晚，志仲老師打電話給我，問我能否幫忙打聽醫院的看護人力？因為他的父親有狀況，需要準備治療以及後續的照護。幾個小時後，又接到志仲老師來電，問我能否在晚點他安排好父親的住院事宜後，載他回豐原？

處理完手邊工作，到了醫院，老師的父親已經過世。我原本就要去載他回家，便留下來陪他一起處理父親的後事。

我沒有太多安慰的語言，因為我相信以他日常對於自身的覺察、自我照顧以及所有練習，足以幫助自己度過任何時刻，如果再給予任何安慰或節哀等詞，都是多餘。因此，我只是靜靜跟他在一起，看看有什麼需要協助的。

一切可能來得突然，老師找來的看護也在現場，儘管病者已逝，沒有照護需求，但看護一直陪著老師，可能也擔心有什麼需要幫忙吧？直到確認後續會由禮儀公司接手，看護才跟老師致意準備離開。在我印象中，老師不斷對看護表示感謝，還準備了一點費用，表示占用她時間的一點心意。

在禮儀公司協助將大體移靈到地下室之後，老師對工作人員提出一個要求，希望他們能夠派車帶父親回豐原老家繞一繞。據老師說，這是為了滿足父親後期在養護中心希望能夠回家的心願。

一路上，我聽著老師細心在每一個大路口、過橋時，呼喊父親的名字，提醒要注意、要跟上，期間也不時跟父親分享著過往的回憶，以及一些新的街景、建築，若與父親記憶中的有所不同，也會向他一一介紹，看得出來老師對於父親的情感。

最讓我印象深刻的是，完成這段旅程，回到醫院後，老師不斷向司機道謝，還一直表示，非常感謝他今晚為父親做的一切。

當時我心想何必這樣客氣，這些服務都會轉成費用跟他收取呀！但還是可以感受到老師對於父親過世後參與協助的人，不管是朋友或是殯葬業者、工作人員，都是帶著敬重與感謝的。

老師曾說希望父親的告別式從簡，不邀請太多親友，也許因為我參與了老師父親過世的重要時刻，才有這樣的緣份在告別式送他一程，後續在入塔安奉、對年，甚至老師想到要探望父親時，也都有機會一起。

我參加過的告別式不算少，但不曾見過有人像老師那樣，自己準備對父親的悼文，並且自己唸出。

印象最深刻的是封棺儀式。根據我的過往經驗，家屬在面對這種未知的習俗，多半是配合，但也一知半解，有些是順應了事，或是尷尬為之。但我這天聽到老師的回應除了大聲清晰，也充滿至誠與懇切，好像不放棄任何可以與父親連結的機會。

我感受到他是一個對每個細節都認真的人，日後在入塔安奉時，禮儀公司安排的儀式人員在準備供品，老師也很慎重向他們介紹我是他的朋友，那種感覺像是要讓對方知道這是一位重要的人。

告別式上，在每一個儀式的跪拜與行禮間，老師也都是全然投入其中，彷若只有他與照片中的父親兩者，其他人事物好像都不存在，又像是帶著一種全然的虔敬與信任，覺得這些儀式都能為父親帶來利益，或者也是透過此給予父親至深的祝福。

這樣的感覺並沒有隨著告別式的圓滿就結束了，後續幾次有機會跟老師一起去探望羅爸爸與羅媽媽（原來他們都放在同一個紀念園區，塔位也相隔不遠），通常我會在找到塔位後就離開，留下一些時間讓老師與父母相處，唯有兩次例外。

一次因為需要架樓梯到高處，我希望在確保老師安全後才離開，因而無意間聽到他與父親的對話，那種感覺像是父親還在，他只是來敘敘舊，如常的聊天，而不像是一般祭祀時的喃喃自語。

又有一次，老師帶新書來看母親，他爬上高層的樓梯，翻閱著書籍，像是在跟母親分享著內容的點滴，我想，更大的一部分是要讓父母親覺得安心與欣慰吧，似乎也有讓父母知道，他除了活出自己的價值，也活出了父母給他這個生命的意義的稟告。

而這些互動依然可以感覺到，他不像是我認識的志仲老師，在父母親的跟前，他就是一個充滿赤子之心、真情流露的孩子。

志仲老師一直以來給我的印象就像是一個學者，也像是一位無神論者，「看起來」還有點酷酷的，通常這樣的人對於宗教儀式、或是民間信仰多數是行禮如儀，雖不致敷衍，但也未必全然的相信與投入，但就這幾次因為羅爸的告別式，讓我看到不同面向的他。

心理勵志 BBP500

# 和解練習

## 給曾受家庭創傷的你

作者 — 羅志仲

副社長兼總編輯 — 吳佩穎
責任編輯 — 許景理
校對 — 陳雅如
美術設計 — BIANCO TSAI（特約）
內頁排版 — 薛美惠（特約）

出版者 — 遠見天下文化出版股份有限公司
創辦人 — 高希均、王力行
遠見・天下文化 事業群榮譽董事長 — 高希均
遠見・天下文化 事業群董事長 — 王力行
天下文化社長 — 王力行
天下文化總經理 — 鄧瑋羚
國際事務開發部兼版權中心總監 — 潘欣
法律顧問 — 理律法律事務所陳長文律師
著作權顧問 — 魏啟翔律師
社址 — 台北市 104 松江路 93 巷 1 號
讀者服務專線 — (02) 2662-0012 ｜傳真 — (02) 2662-0007；(02) 2662-0009
電子郵件信箱 — cwpc@cwgv.com.tw
直接郵撥帳號 — 1326703-6 號　遠見天下文化出版股份有限公司

製版廠 — 東豪印刷事業有限公司
印刷廠 — 祥峰印刷事業有限公司
裝訂廠 — 台興印刷裝訂股份有限公司
登記證 — 局版臺業字第 2517 號
總經銷 — 大和書報圖書股份有限公司｜電話 — (02) 8990-2588
出版日期 — 2024 年 12 月 23 日第一版第 1 次印行
2025 年 3 月 5 日第一版第 2 次印行

定價 — NT 420 元
ISBN — 978-626-417-093-2
EISBN — 9786264170888（PDF）；9786264170871（EPUB）
書號 — BBP 500
天下文化官網 — bookzone.cwgv.com.tw

國家圖書館出版品預行編目（CIP）資料

和解練習：給曾受家庭創傷的你／羅志仲著 .
-- 第一版 . -- 台北市：遠見天下文化出版股份有限公司，2024.12
面；　公分 . --（心理勵志；BBP500）
ISBN 978-626-417-093-2（平裝）

1.CST：家庭關係 2.CST：家庭輔導 3.CST：家庭心理學

544.1　　113018543

本書如有缺頁、破損、裝訂錯誤，請寄回本公司調換。
本書僅代表作者言論，不代表本社立場。